NF文庫
ノンフィクション

提督の責任 南雲忠一

最強空母部隊を率いた男の栄光と悲劇

星 亮一

光人社

はじめに

『遠い潮騒』（米沢海軍武官会事務局）という本がある。巻頭に次のあいさつがあった。

米沢出身の海軍士官の事跡をまとめたもので、数においても、又人材の点でも、

「東北の雪深い辺鄙《へんぴ》の地米沢から、多くの海軍の将星を輩出し、一時は海軍王国の様相さえ呈したことは、誠に驚異であった」

遙かに雄藩出身の者を凌駕し、
雄藩というのは薩摩、長州を筆頭に土佐、佐賀あたりを指すのだが、一時、賊軍だった米沢から大将三人、中将一六人、少将一二人、計三一人の将官がでたことは、たしかに凄いことだった。

米沢は山形県の置賜《おきたま》地方の盆地であり、海にはひどく遠かった。

それが海軍とは誠に不思議であった。

その米沢に海軍を勧めた男がいた。

軍艦「咸臨丸《かんりんまる》」で太平洋を横断した日本海軍の先駆者、旧幕臣の勝海舟《かつかいしゅう》である。以来、多くの若者が海軍をめざした。その米沢海軍でもっとも有名な提督、それが南雲忠一《なぐもちゅういち》だった。世界の海戦史に燦然《さんぜん》と輝く真珠湾攻撃の時の第一航空艦隊司令長官である。

南雲ほど数多くの大きな作戦を指揮した提督はいなかった。ハワイ作戦、南方作戦、インド洋作戦、ミッドウェー作戦、第二次ソロモン海戦、南太平洋海戦である。

しかし南雲提督には、いつも影がつきまとっていた。ハワイ攻撃のとき、なぜ第三次攻撃をかけなかったか、という点である。作戦の八割は成功したが、海軍工廠《こうしょう》と石油タンクが無傷だった。戦後、米軍からこの点が指摘され、ニミッツ提督は「我々は助かった」と語った。石油タンクには四五〇万バレルの燃料が保存されており、海軍工廠には必要不可欠の修理施設が残されていたからである。また空母は一隻も攻撃を受けておらず、その点の不満が南雲に集中した。

それを決定づけたのはミッドウェー海戦だった。索敵が不十分で、かつ消極的な戦法で、虎の子の正規空母四隻を失った。これはひとり南雲の責任なのか、あるいは日本海軍に内在する問題なのか。調べてみると、その辺は一緒になってしまい、南雲一人に責任を押しつけたのではないかと思われてくる。

南雲は寡黙《かもく》だった。
一切、弁解せず、口を閉ざしたままサイパン島で無念の死をとげる。
南雲忠一は悲劇の提督だった。

提督の責任　南雲忠一――目次

提督の責任　南雲忠一

——最強空母部隊を率いた男の栄光と悲劇

第一章　エトロフ島

旗艦「赤城」

昭和十六年十一月、エトロフ島の山々は白雪におおわれ、烈風は吹き荒れていた。

普段は漁船や連絡船しか停泊しない単冠湾《ヒトカップ》に軍艦があふれていた。

一体、なにが起こったのだろうかと島民は驚いた。


ここに集結したのは、ハワイ攻撃に向かう第一航空艦隊、通称「南雲機動部隊」だった。

旗艦「赤城《あかぎ》」の艦橋で、南雲長官はじっと辺りの風景に見入っていた。

エトロフ島は、北海道とカムチャツカ半島の間に点在する千島列島最大の島である。

標高一〇〇〇メートル級の山々がいくつもあり、全山真っ白だった。

現在、日本はクナシリ、エトロフ、ハボマイ、シコタンの北方四島の返還を求めているが、これらの島々は本来、日本固有の領土であった。

探検家・近藤重蔵はここに「大日本恵登呂府《えとろふ》」の標識を立て、日本の領土として認知された。

海には白波がたち、駆逐艦や輸送船は木の葉のように揺れていた。

各艦艇間の電波発射は一切禁止である。連絡は探照灯《たんしょうとう》による視覚信号、短距離の無線電話や手旗信号によって行なわれていた。住民の通信業務も一切停止である。出入りする船舶は、強制的にここに抑留した。

徹底した通信管制を敷いた。機密保持、これは絶対命令だった。この模様を知る人は島民を除いて誰もいなかった。

「本当に自分でいいのだろうか」

南雲忠一は自問自答した。

連合艦隊麾下《きか》の各艦隊長官の人事は、海軍大臣と連合艦隊司令長官の二人によって決められた。空母で編成する第一航空艦隊司令長官の候補は二人いた。

南雲と小沢治三郎《じさぶろう》である。

南雲は海軍兵学校三六期、小沢は三七期である。

二人は勇猛果敢《ゆうもうかかん》さで、いつもライバルだった。しかし海軍は卒業年次が優先する社会である。

小沢は第十一駆逐隊司令、第八戦隊司令官、海軍水雷学校長、第三戦隊司令官と南雲の後を追ってきた。

一か八かの戦争である。独自の判断力にすぐれ、親分肌の小沢がふさわしいという見方もあったが、海軍大臣の吉田善吾《ぜんご》と連合艦隊司令長官の山本五十六《いそろく》は年功序列を重視して、南雲を初代の第一航空艦隊司令長官に選んだ。

この時、小沢は南遣艦隊司令長官として南方作戦に従事していた。山下奉文《ともゆき》や辻政信《つじまさのぶ》ら陸軍の幹部と協力してシンガポール、マレー、ボルネオ、スマトラ、ビルマなどを攻略する作戦である。小沢は南雲に比べれば社交性もあり、小沢にはうってつけのポストだった。

必然的にハワイ攻撃の担当は、南雲になった。

第一航空艦隊司令長官・南雲忠一中将

南雲は精悍《せいかん》で、激しい性格の持ち主であり、いかにも長年月にわたり潮風に鍛え上げられた提督という印象の人物だった。やや意固地ともいえた。臍《へそ》を曲げるとなかなかおらない。

ただ、航空機に携わった経験はなく、本人にとってそれが不安だった。

結果論だが、小沢の方がよかったのではないかという声がのちに上がっている。

それはなぜか。

南雲はハワイ攻撃を成功させたのだから文句はないのだが、ミッドウェーでひどく失敗してしまった。南雲が消極的で勝機を逸したからである。小沢だったら違う対応をしたに違いないとなるのだが、すべては仮定の話である。

どだい山本にその気はなかったのだし、南方作戦も大事だったのだから、それをいってもはじまらないことだった。

南雲は海軍大学校校長からの抜擢《ばってき》だった。

山本の命令で引き受けてはみたものの、ハワイ攻撃にもっとも疑問を抱いていたのは、ほかならぬ南雲だった。

「そんなことができるとは思わない」

という最初の思いを引きずったまま、空母「赤城」の艦橋にいた。

疑問の第一は、すべてがあまりにも投機的ということだった。

六隻の空母を率いて冬の太平洋に乗り出し、ハワイに接近して、飛行機を飛ばして米太平洋艦隊を叩くというのである。

ハワイ攻撃に疑念

ハワイ作戦は山本五十六の執念だった。

空母機動部隊の司令長官に任命されてからも南雲は、山本の考えているハワイ攻撃には賛成しかねていた。

南雲の考えはハワイではなく南方に艦隊を展開し、石油や鉱物資源を確保すべきだというものだった。

ハワイにある米艦隊がわが艦隊の背後を脅かすことが懸念されるが、南太平洋にはパラオやサイパンなどわが国の委任統治領の島々が点在している。ここで防げる。

加えて米艦隊も渡洋作戦となれば、補給が大問題になる。そう簡単には攻めてこられない。

それは海軍内部の大多数の声だった。

この秋、海軍大学校で日米開戦の図上演習があった時のことだった。

「航空兵力が少なすぎる」

と山本は怒りをあらわにした。

一年前、山本は零戦と陸攻各一〇〇〇機の整備を海軍大臣に要望した。それが何ら進展していないことが分かったためだった。

「連合艦隊に三〇〇機とは、なんたることだ」

山本は顔をゆがめた。

内地防御用に二〇〇機はどうしても必要であり、また予備としてさらに二〇〇機はいる。これでは南方作戦など悠長なことはいっておれない。

「それだからこそ一気にハワイの敵主力艦隊を叩くのだ」

山本は頑固にハワイ攻撃を主張した。

南雲は無茶な話だと思った。

どう考えても山本の作戦には無理があった。

従って日米開戦となれば、全航空兵力を比島（フィリピン）とマレー方面に注ぎ、一刻も早く南方資源を確保するのが先決だ。南雲はそう考えていた。

自分は水雷屋である。

南方の海戦ならば、十分に指揮を執れる。自信もあった。

作戦会議のあと、南雲は参謀長の草鹿龍之介《くさかりゅうのすけ》にいった。

「おい、真珠湾攻撃は敵のふところに飛び込むようなものだ。国家の興廃《こうはい》をかける大戦争の第一戦に、かかる投機的危険を冒す作戦は採るべきにあらず」

南雲は苦虫をかみつぶしたような顔でいった。

「それに君、アメリカに作戦がもれたらどうなる。こちらが待ち伏せ攻撃に遭ってしまう。そうではないか。燃料補給はどうするんだ」

南雲はそのことも心配だった。

「そうですね」

草鹿はもっぱら聞き役に徹した。南雲のいうことは一々もっともだった。

後年、草鹿は当初からハワイ攻撃に賛成したように記述したが、そうではなかった。

南雲にとってハワイ攻撃はどこから見ても無謀だった。

南方作戦を受けもつ第十一航空艦隊の塚原二四三《にしぞう》司令長官と大西瀧治郎《たきじろう》参謀長もハワイ攻

撃には反対だった。

それは海軍大学校で行なわれた図上演習で意外なことが分かったためだった。

海軍航空隊が比島の米軍航空隊に苦しめられ、飛行機の消耗は莫大となり、到底、戦力持続の目算がつかないためだった。

「空母の支援がないと南方での戦闘は話にならない」

塚原はいった。

ハワイに空母をもって行かれては、とても南方作戦が実行できなくなる。

「もっともなことだ」

南雲はしきりにうなずいた。

大西参謀長は別の観点から反対だった。

「日米戦では武力で米国を屈服させることができないから早期戦争終結を考え、長期戦争となることはできるだけ避けるようにする必要がある。そのためにも真珠湾攻撃のような米国を強く刺激する作戦は避けるべきである」

との見解をもらしていた。

図上演習の結果によれば、南方作戦は四ヵ月ぐらいで片がつくことになっていたが、その間の消耗は約六五〇機が見込まれ、その他戦闘によらない破損機もあるので、十分な補充がなければ、作戦は到底継続できない。

このように本作戦反対の空気の中で九月二十九日、第一航空艦隊司令長官、参謀長、首席参謀、航空甲乙両参謀が鹿屋《かのや》基地に第十一航空艦隊司令部を訪問し、司令長官、参謀長と打ち合わせを行なった。

その結果、参会者全員がハワイ奇襲作戦は取り止めるべきであるとの結論に達した。その旨を両長官連名で山本長官に意見具申することになり、十月三日、両参謀長は岩国に飛び、山口県室積《むろづみ》沖にあった旗艦「陸奥《むつ》」に、山本長官を訪ねた。

山本が一蹴

その席には山本のほかに連合艦隊の宇垣纒《うがきまとめ》参謀長、黒島亀人《かめと》首席参謀、佐々木彰《あきら》航空参謀が同席した。

大西参謀長が最初に発言した。

比島の米航空兵力はその後ますます増強されて、第十一航空艦隊の現兵力では、これに対処するのには不十分である。第一航空艦隊で比島航空撃滅戦をやってもらいたい。ハワイ奇襲作戦の実施は再考のことに願いたいと述べた。

「ううむ」

山本はうなった。

このあと草鹿参謀長が、ハワイ奇襲作戦に反対する意見を述べた。

山本の顔はますます強張《こわば》った。爆発寸前だった。

山本が大きな声でいった。

「お前たち、南方作戦中に東方から米艦隊に本土空襲をやられたらどうする。南方資源地域さえ手に入れば東京、大阪が焦土となってもよいというのか。とにかく自分が連合艦隊司令長官であるかぎり、ハワイ奇襲作戦は断行する決心である」

山本はそういって全員をにらみつけた。

皆、無言だった。いくら抵抗してもだめだという感じだった。

「幾多の無理や困難はあろうが、ハワイ奇襲作戦は是非やるんだという積極的な考えで準備を進めてもらいたい」

山本はいい、さらに、

「僕がいくらブリッジやポーカーが好きだからといって、そう投機的だ、投機的だというなよ。君たちのいうことも一理はあるが、僕のいうこともよく研究してくれ」

といった。

両参謀長は山本長官の不動の決意を知り、大西参謀長のごときは途中から草鹿参謀長を説得する恰好《かっこう》となり、両者とも今後長官の趣旨に副《そ》うよう努力することを誓って辞去した。

草鹿参謀長が退艦しようとするとき、山本長官は異例にも舷門《げんもん》まで見送り、

「君、要望は何でも必ず実現するよう努力を惜しまぬ」

と肩を叩いたので、草鹿参謀長は感激して、

「よく分かりました。全力を尽くして実現するよう努力します」

と答え、五日午前、有明湾にあった第一航空艦隊旗艦「加賀《かが》」に帰艦し、南雲長官に報告

した。

南雲は無言だった。

ただ明らかに不服の表情だった。

草鹿は早速、司令官、幕僚を集め、

「もはや一日も安閑《あんかん》としているわけにはいかない」

と真剣に作戦計画の完成に向かって没頭するよう命じた。

山口司令官激怒

もうひとつ起こった問題は、ハワイ作戦に使用する航空母艦の配備だった。

燃料補給なしで、ハワイ近海まで行き、戻って来れる空母は「翔鶴《しょうかく》」「瑞鶴《ずいかく》」の二隻で、「蒼龍《そうりゅう》」「飛龍《ひりゅう》」に至っては、まったく不可能だった。このため第一航空艦隊司令部では、苦慮の結果、航続力の大きい「加賀」「翔鶴」「瑞鶴」の三隻に練度のもっとも優秀な第一、第二航空戦隊の搭乗員を乗せて、ハワイ攻撃を実施する案を立てた。

問題は「蒼龍」「飛龍」を指揮下におく第二航空戦隊司令官・山口多聞《やまぐちたもん》少将だった。

「山口さんは黙ってはいませんよ。私は説得できません」

と航空参謀の源田実《げんだみのる》中佐がいった。

山口司令官は声が大きく、喧嘩も強い。いったんいい出したら、絶対に引き下がることはない。

「私が話す」

草鹿参謀長がいい、第二航空戦隊に出向いた。

「折り入って相談がある」

そういって切り出した。

案の定、山口は烈火のごとく怒り、「絶対に認めない」と長官室に出向き、南雲に食ってかかった。

「なにがなんでも認められないッ」

大声で怒鳴《どな》った。

「しかし燃料が問題だ」

と南雲がいうと、

「ハワイ沖に浮かんだまま戦う。いまさら絶対に引けない」

山口は鬼のような顔で南雲をにらんだ。

山口としては第二航空戦隊から今まで訓練してきた搭乗員と飛行機をとられ、母艦だけ残されるのでは部下に合わす顔がない。

「それは当然である」

結局、南雲が折れ、草鹿参謀長が山本長官を訪問し、第一航空艦隊司令部は正規空母六隻すべてを使うことで承認を得た。

日本海軍は日露戦争の時、使用兵力不足によって旅順港外の夜襲が失敗したことがあった。

補給に問題はあるが、兵力が多くなければだめだ。

山本の考えも同じだった。

南雲は山本とどこかに違和感があり、加えて山口多聞とも反りが合わない部分があり、

「大丈夫かなあ」

と懸念する声もでていた。こうした経過をへて南雲機動部隊は単冠湾集合となった。

北方航路

「それにしても大艦隊だ」

南雲は湾内を見渡した。

ハワイまで直線距離にして三〇〇〇カイリ（約五五〇〇キロ）余り、日本海軍の最精鋭部隊である空母六隻、戦艦二隻、重巡洋艦二隻、軽巡洋艦一隻、駆逐艦九隻、潜水艦三隻、タンカー七隻という大艦隊を率いて、遠く敵の懐に飛び込み、一挙に勝負を決せんという空前絶後の大作戦である。

空母には日本海軍が世界に誇る航空部隊約四五〇機が搭載されていた。

成功を期する鍵は奇襲だった。

強襲の場合、攻撃隊は敵の戦闘機と遭遇し、爆撃機、雷撃機は、かなりのダメージを受けることになる。敵艦艇からの対空砲火も激しいものがあるだろう。

そうなれば戦果は期待できそうになかった。

艦隊同士の決戦であれば、南雲得意の水雷攻撃で、敵艦を沈めることができる。しかし、今回は飛行機で相手の艦隊を叩くのだ。もし機密がもれれば万事休すである。

「天運にまかせるしかあるまいな」

南雲は頰《ほお》を強張らせてつぶやいた。

艦橋に航空参謀の源田実中佐が上がってきた。

「源田君、かなり波が高いな。これでは飛行機は飛べないな」

と南雲がいった。

「いや心配はありません。荒天でも飛べなければ、戦争になりません」

源田は気にしていない様子だった。源田は日本海軍切っての飛行機通である。自分でアクロバット飛行までやった。

どの航路でハワイに向かうか、南雲と源田との間に意見の違いがあった。

航路が三つあった。

第一は南方航路である。

委任統治領のマーシャル諸島からハワイに向かうもので、距離は二〇〇〇カイリ（約三七〇〇キロ）。海面はおだやかで、最短コースである。ただし確実に発見される。

絶対に避けなければならない。

第二は北方航路である。

アリューシャン列島の南に沿って東行し、真珠湾の真北から南下する。冬季は暴風雪が吹き荒れ、航行する船舶はなかった。発見される確率はもっとも低いが、遭難の危険があった。

第三は、第一、第二の中間コースである。

源田は北方航路を主張した。

「源田君、ばかなことを考えるんじゃない。北方では艦がもたないよ」

南雲は、北方航路には自信がもてなかった。

しかし源田はあらゆる資料を集めて南方航路を否定した。ハワイの米太平洋艦隊は毎週、南方海域で訓練をしており、敵陣に飛び込むようなものだといった。加えて哨戒《しょうかい》機が常時パトロールしており、たちまち発見されること間違いない。

「だめです」

源田は否定した。

もうひとつの問題はやはり燃料の補給だった。

機動部隊がハワイ近海まで出かけて戦闘を行ない、なおかつ帰港するためには燃料が足りなかった。途中で燃料切れを起こして、敵の追撃に遭えば、これまた全滅の危険があった。

そのためには、タンカーを船団に加え、洋上補給する必要があった。

果たして荒天のなかでの洋上補給は可能なのか。

仮に洋上補給ができたとしても、敵に発見された場合、反撃はできるのか。

荒天になると飛行機は発艦も着艦もできなくなる。そのとき、敵の攻撃に遭えば、きわめて危険なことになる。なにせ空母は海に浮かぶガソリンタンクである。航空燃料を大量に積

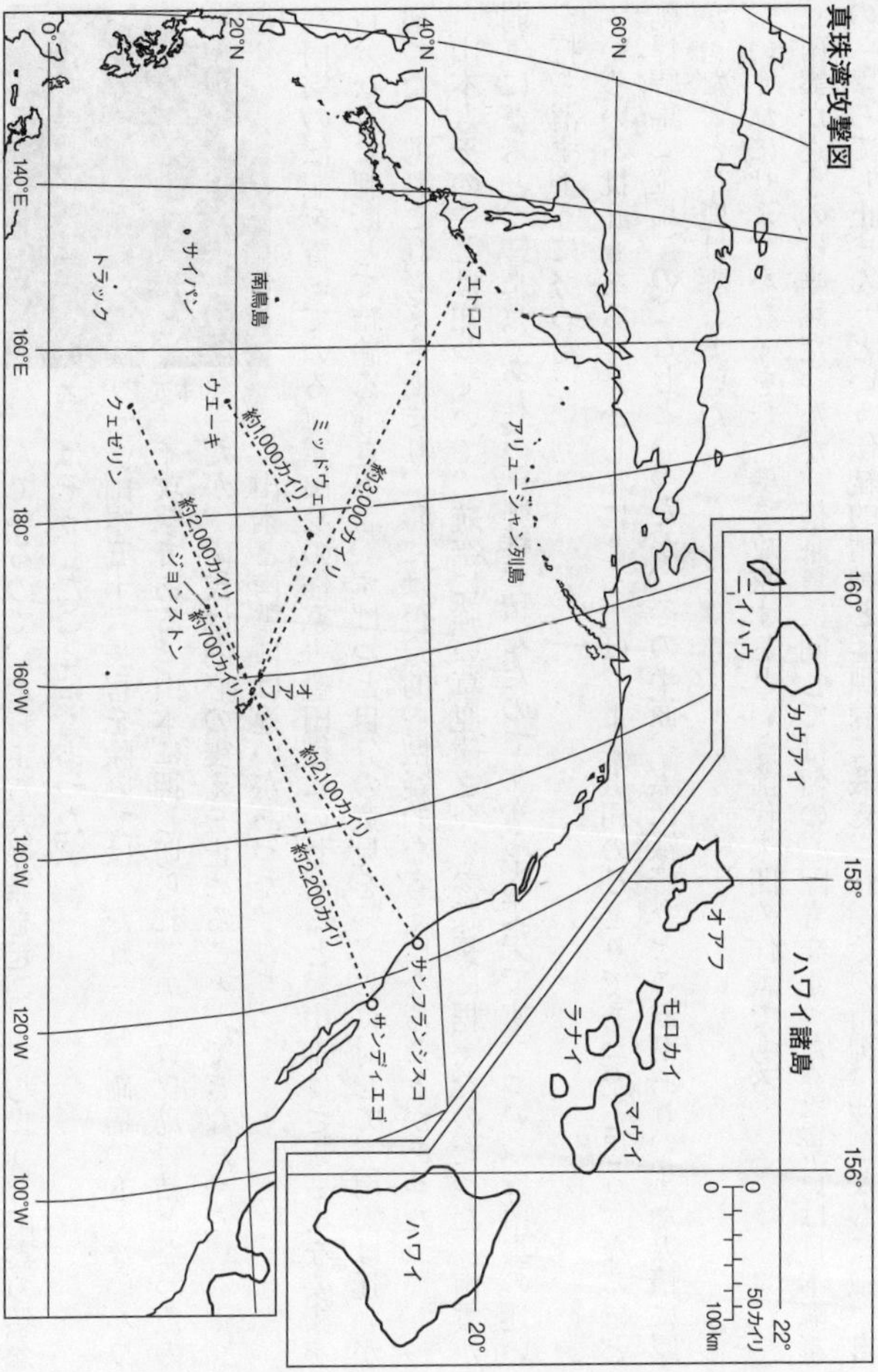
真珠湾攻撃図
60°N
40°N
20°N
0°
140°E
160°E
180°
160°W
140°W
120°W
100°W
エトロフ
アリューシャン列島
南鳥島
サイパン
トラック
ウエーキ
ミッドウェー
クェゼリン
ジョンストン
オアフ
約3,000カイリ
約1,000カイリ
約2,000カイリ
約700カイリ
約2,100カイリ
約2,200カイリ
サンフランシスコ
サンディエゴ
ハワイ諸島
ニイハウ
カウアイ
オアフ
モロカイ
ラナイ
マウイ
ハワイ
160°
158°
156°
22°
20°
0
50カイリ
0
100km

山本五十六大将

んでいるので、たちまち大爆発を起こしてしまう。南雲の懸念はそうしたことにもあった。

山本五十六長官を除いては、だれ一人、確信のもてないハワイ攻撃である。山本に押し切られ、エトロフ島集結となったのだが、南雲は内心の震えを止めることができなかった。

山本と南雲には違いがあった。

南雲の伝記を書いている海軍出身の作家・豊田穣《じょう》にいわせると、山本はさまざまな要素を自分なりに判断して結論を導き出し、ずばっと自分の意見をいうのに対して、南雲は迷いがあった。あれこれ考えるあまり、時には否定的、懐疑的な考えになることがあった。

山本もそのことは知っていて、航空に強い草鹿龍之介を参謀長に据《す》えたのだった。南雲が弱気になると、「長官、あれだけ訓練を積んだのですから大丈夫です」といって南雲の迷いを打ち消すように努めた。

「いろいろ批評もある。しかし私にとっては、よい上司のひとりであったと思う。なるほど剽悍駻馬《ひょうかんかんば》（荒馬）のごとしといったが、その半面、実に緻密《ちみつ》なところがあり、また人情に厚かった」と草鹿は評していた。

いずれにせよ、ハワイを飛行機で攻撃するという前代未聞の作戦である。

南雲が迷うのは当然だったが、搭乗員に関しては何の心配もなかった。搭乗員は日本海軍の「撃ちてし止まん」という伝統的精神と猛訓練に鍛えられ、その精神、技量ともに強い自信をもっており、生死を超えて米艦隊を殲滅《せんめつ》する気構えでいた。

こうなった以上、南雲は部下たちにすべてを託すしかなかった。

結局、北方航路をとることに決した。

政府は、なお日米交渉に一縷《いちる》の望みを抱いていた。

ワシントンで行なっている日米交渉が成立した場合には、ただちに反転、帰港することになっていた。その説明が山本長官から行なわれたとき、南雲は、

「それは出かかった小便を途中で止めるようなことで、とてもできません」

と反対した。すると、

「そのような者はただちに辞表をだせッ」

と山本は怒鳴った。

米沢海軍

南雲忠一は明治二十年三月二十五日、山形県米沢市信夫町五六三三番地に士族・南雲周蔵と志《し》んとの次男に生まれた。戸籍の上では六人兄妹弟の末っ子である。

南雲家は米沢藩の下級武士で、一石二人扶《ぶ》持《ち》を食《は》んでいた。

上杉謙信以来の家系で、越後では二〇〇石をもらっていた。

謙信は戦国屈指の大大名だった。その養子・景勝が豊臣秀吉により会津若松に移封された

ときも一二〇万石だったが、徳川家康に嫌われ、米沢三〇万石に減封され、その後さらに一五万石に減らされた。

米沢は盆地である。冬は雪が深く、厳しい土地柄である。米沢藩はいつの間にか、日本有数の貧乏藩になってしまった。

しかし名君・上杉鷹山《ようざん》がでて多岐にわたる殖産興業を進め、藩校興譲館《こうじょうかん》も開設され、有為な人材を育成し、天下に米沢の名を響かせてきた。

明治以降も教育熱心な気風は受け継がれ、親は貧しくとも子供だけは進学させようと努力し、米沢興譲館中学校から多くの俊英が育っていった。

南雲もその一人だった。南雲が入学した時は、米沢中学校と改称した時代である。その後、ふたたび興譲館の名前が復活する。

米沢は山国だが海軍士官になる人が多く、南雲も迷うことなく、すんなり海軍兵学校を受験した。

米沢中学校の卒業席次が五番、海軍兵学校の入学時の成績は一九六人中六番だった。すばらしい成績での入校だった。

ちなみに山本五十六は長岡中学校をトップで卒業し、海軍兵学校の入学席次は二番だった。さすがは山本である。抜群の成績だった。海軍ではこの席次があとあとまで影響する。

素朴で質実剛健な南雲の人柄は、米沢中学校時代に作られた。

日露戦争直前の入学だったので、学校の生活は万事が軍隊式だった。

ラッパで授業がはじまり、ラッパで終了した。まだ校歌がなく軍歌を歌った。どこに行くにも「歩け歩け」で、四年生の時、宮城県の松島に行き、はじめて海を見た。松島の海にはいくつもの小島があって、太平洋という感じはしなかった。

「これが海か、ちっぽけだな」

というのが南雲の第一印象だった。

海軍兵学校のある広島県の江田島《えだじま》に来て、はじめて海の広さを痛感した。

海軍兵学校は頭脳もそうだが、気合いと体力も必要だった。南雲は柔道に精をだし、小柄ではあったが、いつも肩を怒《いか》らせて歩き、浅黒い風貌《ふうぼう》もあって周囲の注目を集めた。上級生になると下級生にこわがられる存在になり、殴られる生徒もでてきた。

兵学校の生徒の楽しみは日曜日の外出である。

建前上、酒は厳禁だったが、「一方には酒を飲んで大いに騒ぎ回る人がいる。大声をあげて議論する人もいる」と山本五十六の伝記にあった。

酒は絶対に飲まないと主張する人がいたが、世のなか建前と本音は違うものである。

五番の成績で卒業した南雲は少尉任官後、海軍水雷学校高等科学生を経て海軍大学校に進み、ここを二番で卒業した。この間、駆逐艦に乗り組み、大正四年には米沢生まれの、りきと結婚した。

子供は三男二女、二女は夭折《ようせつ》したが、長女の仙子は間もなく結婚式を挙げることになっていた。色白の和服が似合う自慢の娘だった。

相手は福島県相馬《そうま》市出身の宇佐美鉄雄である。東大法学部出身でのちに日銀に勤めている。あの二人ならいい家庭をつくるだろうと南雲は思った。長男は海軍兵学校に進み、すでに任官していた。

南雲の素顔

南雲をもっともよく調べた人物に、アメリカの歴史家ゴードン・W・プランゲがいる。プランゲは二十年間、太平洋戦争の調査を続け、数千回もインタビューを行ない、名著『トラトラトラ』(千早正隆訳、日本リーダーズダイジェスト社)を執筆した。草鹿龍之介、源田実、淵田美津雄《ふちだみつお》らとは何回となく会い、南雲夫人からも詳しく話を聞いた。こうして到達したプランゲの南雲像は、次のようなものだった。

「南雲は陸上勤務上がりの将官ではなかった。むしろ海上にいないとどうにも落ち着かないというほどの真の海の男ですらあった。昭和十六年に五十四歳だった彼は、潮《しお》やけしたがっちりした体の持ち主で、誠実な努力家であり、とくに水雷の権威として海軍部内ではその評判が高かった。完全を求めるタイプであった南雲は、部下の仕事にも高度の出来栄えを要求した。(中略)

南雲は柔道の達人で、頑丈な体の持ち主であったが、帽子《ぼうし》をすこし無造作にかぶり、服装にもあまりかまわず、歩くときは目立つぐらい肩をふった。彼の最盛期にとった写真をみると、紺《こん》の軍服を着た彼は、あたかも神座についた神のように、自信に満ち、ゆうゆうとしている。丸い頭は、短く刈り込み、前の方はすこしはげあがり、首は頑丈でまるで柱のようである。

濃い眉毛、特徴のある大きな目と目の間にたてじわがあり、鼻は大きく、深いしわが、きつく一文字にむすんだ口もとまで刻まれている。頰は高くでており、あごは、岩のようにがっしりとして、非常に強い感じを与える反面、感受性豊かな顔の表情は、歴史の波をだれも押し返すことはできないと、達観しているように見える」

残された写真を見ると、たしかにスマートではなかった。泥臭い感じの提督だったが古武士然として、貫禄は十分だった。

海軍中将の正装を身につけた南雲忠一

ただし、航空機を主体とする機動部隊の司令長官としては、これほどふさわしくない人もいなかった。プランゲが取材した南雲の友人、元第十一航空艦隊の塚原二四三司令長官も「南雲はその背景、教育訓練、経験および関心などの面からみて、航空の重要な役職に就けるのはまったく不適格であった」と語った。

人事権は海軍大臣にある。山本はそれを承知で、南雲を司令長官に推薦した。

その代わりに草鹿龍之介を参謀長、源田実を航空参謀にあてたのだった。

草鹿と源田

南雲機動部隊の参謀長・草鹿龍之介は、昭和四年、ドイツの飛行船「グラフ・ツェッペリン号」がドイツから飛来したとき、この飛行船に乗り、日本からアメリカに向かった経験をもっていた。心も体の動きもスローではあったが、禅に深く帰依《きえ》し、慎重で熟慮ある判断を得意とした。南雲の隣には常に参謀長の草鹿がいた。

草鹿は東京の生まれで、大正二年、海軍兵学校卒、空母「鳳翔《ほうしょう》」「赤城」の艦長の経験もあった。

山本は、当初から草鹿をハワイ攻撃の重要メンバーに組み込んでいた。

南雲機動部隊にくる前、草鹿は第二十四航空戦隊司令官として南洋諸島のパラオに本拠地をおき、渡洋爆撃隊の訓練に当たっていた。

当時の軍令部第一部長の福留繁《ふくとめしげる》少将は、兵学校の一期上、海軍大学校の同期だった。

ある日、福留のところに出かけると、

「これを読んでみろ」

と手渡されたのが「真珠湾攻撃計画」だった。そして、

「貴様、これをやってくれ」

と福留にいわれた。

「ええッ」

草鹿は驚いた。それが草鹿にとってこの作戦の始まりだった。

当初、しぶっていた草鹿だったが、山本に説得されたのだろう。源田が関係していること
も、この時知った。

源田は海軍航空隊ではひときわ光った人物で、知名度は高かった。

海軍兵学校の在校中から大空を飛ぶことに強い希望を抱き、卒業すると、霞ヶ浦海軍航空
隊に入り、毎日が飛行機に乗ることに明け暮れた。そして飛行機と一心同体になって心行く
まで飛びまわった。

やがて三機編隊の戦闘機隊を編成し、「源田サーカス」と呼ばれた。どんな天候の時でも
飛んでみせ、日本最高の航空士官だった。

運も強かった。

飛行技術改良の訓練中、他機と接触、大破直前にパラシュートで脱出。横須賀の海に落ち
たこともあった。運よく近くで操業中の漁船に救助され、翌日からまた飛行機に乗った。

「三度の飯よりも飛ぶのが好き」という飛行機野郎だった。

飛行機はよく落ちたので、嫌う人が多かった。女性も結婚相手として搭乗員だけは嫌った。

未亡人になってはかなわないというわけである。

源田は昭和十一年、海軍大学校の学生のとき、革命的な理論を発表した。

「日本海軍は航空母艦、駆逐艦、潜水艦だけの方が、攻撃力をもっと発揮できる。戦艦は建

造を中止すべきだ」

という大胆なものだった。

「源田は極端すぎる」

と皆がいった。しかし源田はくじけなかった。その源田を山本が買った。

山本は源田理論を採用し、第一航空艦隊を編成したのである。

プランゲは山本のこともこう述べていた。

「大胆で個性に満ちた思想家であると同時に、一晩中でもポーカーや将棋をさすことを好んだ勝負師でもあった。彼はよく格言を引用したが、好んで用いた格言のひとつに、『虎穴《こけつ》にいらずんば虎児《こじ》をえず』というのがあった。山本の目がアメリカ太平洋艦隊の根拠地であった真珠湾という虎穴に向けられたのは、まことに当然のことであった」

その分、南雲の存在は異質だった。

人間は群れのなかで生きる存在である。

たとえば航空参謀の源田中佐と飛行隊長の淵田中佐は、海軍兵学校の同期であり、源田が作戦を立案し、淵田が実行する関係にあった。二人には阿吽《あうん》の呼吸があった。

しかしこと飛行機に関して、南雲は経験したことのない未知の世界だった。

いわば「雇われ社長」のようなもので、南雲は気苦労が多かった。

単冠湾では、参謀たちは交替で当直をしていた。南雲も時おり自分で当直についた。

いずれ戦闘に入れば全員が当直である。まだ出港前なので当直の人数も少なかった。

航空参謀・源田実中佐

「おい、疲れたであろう。私が艦橋にいるから君は下に行って休みたまえ」

南雲はそういって当直を代わろうとした。

いくらなんでも、司令長官に代わりの当直をさせることはできない。

「大丈夫です。こんな張り合いのある仕事で、疲れたなどといっては罰が当たります」

参謀たちは断ったが、

「君は休みたまえ」

の一点ばりである。しかたなく南雲に任せることもあった。

「南雲という人は、口は荒いが、根は正直な人だ」

と源田は感じ、南雲をなんとか男にしなければならないと思うようになった。

そんな南雲は中肉中背で、笑うと深い皺《しわ》があった。

南雲は単冠湾に来てから、なかなか寝付けなかった。狭苦しいベッドに横たわると、走馬灯のように、さまざまなことが浮かんでは消えた。

自分は連合艦隊司令長官の山本大将に選ばれて、この大役についた。しかし、自分は山本長官の一の子分でもないし、育ってきた畑も違っていた。山本長官は航空畑である。自分は水雷屋だ。まるで違う。日夜、そのことを悩み続けた。

長官、参謀長、艦長、航海長は艦橋付近におのおの小さな休憩室を持っていたが、空母は大きく揺れる。いったん気になると眠れなくなる。朝方うとうとと少し寝る。日中は目が腫れ上がってぼんやりする。南雲は何度も目をこするので、目の回りが黒く腫れた。南雲は上手に隠せない性格だった。だから寝不足がばれてしまう。

機動部隊抜錨

南雲は出撃を前に、十一月二十三日に各級指揮官、二十四日には飛行科士官を「赤城」に招集し、訓示した。

攻撃の鍵を握る飛行科の士官たちである。

南雲は一句一句、かみ締めるように訴えた。

暴慢不遜《ぼうまんふそん》なる宿敵米国に対していよいよ十二月八日を期して開戦せられんとし、ここに第一航空艦隊を基幹とする機動部隊は開戦劈頭《へきとう》敵艦隊をハワイに急襲し、一挙にこれを撃滅し、転瞬《てんしゅん》にして米海軍の死命を制せんとす。

これ実に有史以来、未曾有の大航空作戦にして、皇国の興廃《こうはい》はまさにこの一挙に存す。本壮挙《そうきょ》に参加し、護国《ごこく》の重責を双肩に担《にな》う諸子《しょし》においては、まことに一世の光栄にして武人の本懐、なにものか、これにすぐるものあらんや。まさに勇躍挺身《ゆうやくていしん》、君国に奉ずる絶好の機会にして、この感激、今日をすぎてまたいずれの日にか求めん。

さはあれ本作戦は前途多難、寒風凛烈《かんぷうりんれつ》、怒濤狂乱《どとうきょうらん》する北太平洋を突破し、長駆《ちょうく》敵の牙城《がじょう》に迫りて乾坤一擲《けんこんいってき》の決戦を敢行するものにして、その辛酸労苦、もとより尋常《じんじょう》の業《わざ》にあらず。これを克服し、よく勝利の栄冠を得るもの、一に死中に活を求める強靱敢為《きょうじんかんい》の精神のほかならず。

南雲はとつとつとこう述べ、皆の顔を見渡した。

このあと、勝栗《かちぐり》とスルメで作戦の成功を祈り、「天皇陛下万歳」を三唱して乾杯した。

この日、海は荒れ、連絡艇の運航が困難になり、搭乗員の大部分は「赤城」に宿泊した。

十一月二十六日早朝、いよいよ出撃である。

機動部隊は第八戦隊、第三戦隊、哨戒隊、空母部隊の順に錨《いかり》をあげ、ハワイに向けて壮途《そうと》についた。その直前、「赤城」は試運転中にスクリューにワイヤーを巻き付けてしまい、潜水夫をいれて取り除くアクシデントがあった。

「もはや戻れないな」

南雲は艦橋から北の海に見入った。ここまで来れば、ハワイに向かうだけである。

もう全員がアメリカと戦う覚悟である。

ハワイに向かう艦隊は、次の編成になっていた（『戦史叢書ハワイ作戦』より）。

●第一航空艦隊司令部

司令長官　　南雲忠一中将

参謀長　草鹿龍之介少将
首席参謀　大石保《たもつ》中佐
航空参謀　源田実中佐
同　吉岡忠一少佐
航海参謀　雀部《ささべ》利三郎中佐
通信参謀　小野寛次郎少佐
機関参謀　坂上五郎少佐

●第一航空戦隊　空母「赤城《あかぎ》」「加賀《かが》」
「赤城」艦長　長谷川喜一大佐
飛行隊長　淵田美津雄中佐
飛行長　増田正吾中佐
「加賀」艦長　岡田次作大佐
飛行長　佐多直大《なおひろ》中佐

●第二航空戦隊　空母「蒼龍《そうりゅう》」「飛龍《ひりゅう》」
司令官　山口多聞少将
首席参謀　伊藤清六中佐

航空参謀　鈴木栄二郎中佐
通信参謀　石黒進少佐
機関参謀　久馬武夫少佐
「蒼龍」艦長　柳本柳作《やなぎもとりゅうさく》大佐
飛行長　楠本幾登中佐
「飛龍」艦長　加来止男《かくとめお》大佐
飛行長　天谷《あまや》孝久中佐

●第五航空戦隊　空母「瑞鶴《ずいかく》」「翔鶴《しょうかく》」
司令官　原忠一《はらちゅういち》少将
首席参謀　大橋恭三中佐
航空参謀　三重野武少佐
通信参謀　大谷藤之助少佐
機関参謀　吉田毅少佐
「瑞鶴」艦長　横川市平大佐
飛行長　下田久夫中佐
「翔鶴」艦長　城島高次大佐
飛行長　和田鉄二郎中佐

●第三戦隊　戦艦「比叡《ひえい》」「霧島《きりしま》」
司令官　三川軍一《みかわぐんいち》中将
首席参謀　有田雄三中佐
砲術参謀　竹谷清中佐
通信参謀　森虎男少佐
機関参謀　竹内由太郎少佐
「比叡」艦長　西田正雄大佐
「霧島」艦長　山口次平大佐

●第八戦隊　重巡「利根《とね》」「筑摩《ちくま》」
司令官　阿部弘毅《ひろあき》少将
首席参謀　藤田菊一中佐
水雷参謀　荒悌三郎少佐
通信参謀　矢島源太郎大尉
機関参謀　佐藤良明少佐
「利根」艦長　岡田為次大佐
「筑摩」艦長　古村啓蔵大佐

●第一水雷戦隊司令部　軽巡「阿武隈《あぶくま》」

司令官　大森仙太郎《せんたろう》少将

首席参謀　右近六次中佐

砲術参謀　三上作夫少佐

通信参謀　岩浅恭助大尉

機関参謀　吉川積少佐

「阿武隈」艦長　村山清六大佐

●第十七駆逐隊

司令　杉浦嘉十《かじゅう》大佐

「谷風」艦長　勝見基中佐

「浦風」艦長　白石長義中佐

「浜風」艦長　折田常雄中佐

「磯風」艦長　豊嶋俊一中佐

●第十八駆逐隊

司令　宮坂義登大佐

「不知火《しらぬい》」艦長　赤澤次壽雄中佐
「霞《かすみ》」艦長　戸村清中佐
「霰《あられ》」艦長　緒方友兄中佐
「陽炎《かげろう》」艦長　横井稔中佐
「秋雲」艦長　有本輝美智中佐

●第二潜水隊
司令　今和泉喜次郎大佐
「伊十九」艦長　楢原《ならはら》省吾中佐
「伊二十一」艦長　松村寛治中佐
「伊二十三」艦長　柴田源一中佐

●補給隊
「極東丸」特務艦長　大藤正直大佐
「健洋丸」監督官　金桝義夫大佐
「国洋丸」監督官　日台虎治大佐
「神国丸」監督官　伊藤徳堯大佐
「東邦丸」監督官　新美和貴大佐

「東栄丸」監督官　　草川淳大佐
「日本丸」監督官　　植田弘之介大佐

第二章　トラトラトラ

順調に給油

「これで日本も見納めか」

乗組員の多くは、そう思った。

日本という国がたまらなく恋しく、涙が流れて仕方がなかった。

「家族のためにも勝利して帰ってこなければならない」

皆、その決意を固くした。やがて千島列島は段々小さくなり、視界から消えていった。

訓練ではない。戦争が始まるのだ。機動部隊は厳重な警戒のもとに航行した。

砲員は当直を定めて砲側《ほうそく》につき、見張り配置のあるものは、水際一点の黒影も、波間に見え隠れする一本の棒も、見落とすまいと目を見開いた。

敵潜水艦を探索する水中聴音機《ちょうおんき》の担当者は、スクリュー音を求めてじっと耳をそばだてた。

とっさの場合に備えて各母艦には、戦闘機数機を飛行甲板に待機させた。

塵《ごみ》を海に流すことも厳禁である。そこから機動部隊の動きが分かってしまう。すべてが緊張の連続だった。

海は穏やかだがうねりが高く、十一月二十七日朝、水兵二人が転落し、行方不明となった。二十八日には「赤城」「加賀」に燃料補給を行なった。

天候が平穏だったので、給油は順調だった。

作戦行程は一万一〇〇〇カイリ（約二万四〇〇〇キロ）という長距離である。

前述のように、これを燃料の補給なしで完走できるのは「翔鶴」や「瑞鶴」だけである。予備タンクを搭載すれば、「比叡」「霧島」も可能だったが、高速航行となれば無理だった。洋上補給がなければハワイ攻撃は不可能だった。

給油は時速九ノットで走りながら、ホース（蛇管）を渡して行なった。空母や戦艦は波が荒いと給油艦との間に不規則な波が生じ、艦が押し流されてホースが切断されることもあった。天候が悪化すれば、機動部隊の行動は大きく制約された。このため万一の場合も考慮して、艦内のいたるところに重油をいれたドラム缶を積んだ。しかし艦のバランスが悪くなるので、これには限度があった。

それだけに給油成功は、南雲にとっても大いに喜ぶべきことだった。

ソ連船

南雲機動部隊は十一月二十九日、「極東に向かったソ連船に遭遇する恐れあり」との情報を入手した。

無線は封印されており、キーに手を触れることはできない。ソ連の貨物船が「日本の機動部隊を見た」と打電すれば、米軍も傍受するだろう。そうなれば事態は深刻だった。

米軍が探索に乗り出すだろう。潜水艦による攻撃、また空襲も予想される。

奇襲攻撃は不可能となり、成功は期しがたかった。

米海軍の潜水艦の性能は日本海軍を大きく上回っていた。

南雲は太い皺《しわ》を眉間《みけん》に寄せて双眼鏡をのぞき込んだ。

やがて、黒塗りの貨物船を双眼鏡で見ることができた。

「あれか」

「赤城」の艦橋に緊張が走った。

もしソ連船が電波を発した場合は、即座に撃沈するしか方法がない。そうなればことは面倒になる。三時間後、ソ連船は視界から消えた。

「ほう」

南雲は安堵の溜め息をついた。

「参謀長、君はどう思うかね。僕はエライことを引き受けてしまった。もうすこし気を強くして、きっぱり断わればよかった。出るには出たが、本当にうまくゆくのかね？」

南雲は顔をひきつらせていった。これは紛れもない南雲の本音だった。

「大丈夫ですよ」

と草鹿がいうと、

「君は楽天家だからなあ」

と南雲はつぶやいた。

艦隊は経済速力の一四ノットで航行した。重油をつめたドラム缶を、甲板上に山のように積んでいる。当然、電灯や風呂は節約である。機関科士官は四六時中、艦内を見回り、機関効率のアップに努めた。砲員、機銃員は、砲塔や砲座の側にわずかに風雨をしのぐ遮蔽物《しゃへいぶつ》がありそこでゴロ寝だった。

南雲はそうした一人ひとりに気を使うので、自分も疲れてしまうのだった。

十一月三十日、「伊二十三」潜水艦が故障し、落伍した。どうも日本の潜水艦は問題が多かった。今まで潜水艦を軽視してきたつけがでてしまった。これも大艦巨砲主義の弊害だった。

日本の潜水艦は戦争末期にいたるまでレーダーを装備しておらず、水中音波探知装置（ソナー）もドイツの「Uボート」よりはるかに劣っていた。

潜水艦が最大の能力を発揮するのは、商船の攻撃だった。天敵である駆逐艦はおらず自由に魚雷を発射することができた。にもかかわらず連合艦隊は、もっぱら敵の戦艦や機動部隊に対する奇襲攻撃に潜水艦を使った。

効果は期待薄だった。

ハワイ攻撃の場合も奇襲に潜水艦を使った。

それはどんな作戦だったのか。

真珠湾の近くまで潜水艦を忍び込ませ、母艦の艦尾から特殊潜航艇を潜航させ、ひそかに真珠湾にもぐり込ませ、敵艦に魚雷をぶち込む作戦だった。

電池で動く特殊潜航艇は重量約四六トン、二人乗りで、全速力で五十分しか航行できなかった。速力を抑えると八時間はもつとされたが、生きて帰ることはきわめて困難な特攻作戦だった。しかも攻撃は空爆開始後と決められていた。

南雲機動部隊より先に攻撃すれば、日本軍の奇襲が暴露し、真珠湾に厳重な警戒態勢がとられるためだった。特殊潜航艇は五隻で、潜水艦五隻に一隻ずつ搭載され、乗組員は独身の者に限られ、さらに長男は除かれた。一応は救助の方法まで考えられたが、航続距離が十分に保てず、これは初めから死を覚悟した特攻部隊だった。

十二月一日午後五時、東経一八〇度線を越えて西半球に入った。南雲は全艦艇に次の信号を送った。

当隊、すでに「キスカ」および「ミッドウェー」の予想飛行哨戒圏《しょうかいけん》内にあり。今夜、いよいよ一八〇度を通過して、敵地に近接す。各隊はますます対空警戒を厳にするとともに後方より追躡《ついじょう》することあるべき敵艦隊に対し見張りを厳にすべし。

なお夜間は特に灯火を暴露《ばくろ》せざるよう注意し、かつ極力信号を節減すべし。

機動部隊に緊張が走った。

十二月二日、第一航空戦隊、第三戦隊、警戒隊に補給を行なった。この日から駆逐艦二隻を一万メートル後方に配し、後方に対する警戒を厳重にした。

開戦決定

この夜八時、「新高山《にいたかやま》登れ。一二〇八」の暗号電報を受け取った。ついに日米交渉は決裂したのだ。「十二月八日、攻撃決定」である。

南雲は口を真一文字に結び、むずかしい顔をして作戦室に入った。

「いよいよだな」

南雲は草鹿ら参謀たちに声をかけた。

翌十二月三日午前〇時十七分、「十二月二日二十二時、大本営海軍部発表」の真珠湾の情報が入った。十一月二十八日の真珠湾の状況である。

戦艦二、空母一、甲巡（重巡）二、駆逐艦一二出港、戦艦五、甲巡三、乙巡（軽巡）三、駆逐艦一二、水上機母艦一入港とあった。

在泊艦は戦艦六、空母一、甲巡九、乙巡五だった。

ハワイのジャズ放送も聞こえてきた。

一航艦旗艦「赤城」の艦橋に立つ南雲忠一中将（左から２人目）

その広告に日本のハワイ総領事からの情報が含まれていた。

南雲は刻々伝えられる情報に耳を傾けた。

通信参謀は軍令部と連合艦隊旗艦「長門《ながと》」からの電波に全神経を傾け、ホノルル放送も漏らさず聞きとり、ハワイの状況把握に努めた。

南雲の緊張は極限に達していた。

「お前はなにをしようとしているんだ。お前がやろうとしていることは、大変なことなのだぞ。よくよく考えてみるがよい」

と一人の自分がいえば、もう一人の自分が、

「いまさらなにを迷っているんだ。お前に残された道は前進あるのみだ。断じて行なえば鬼神《きじん》もこれを避くというではないか」

といった。南雲はいつもあれこれ、思い悩み、不眠状態が続いた。しかし、これは皆同じ思いだった。

ハワイの情報

十二月に入り、いよいよ秒読みである。

十二月三日から続々、ハワイの情報が入った。

A情報（十二月二日、大本営海軍部発）

十一月二十八日、真珠湾を出航せしもの、戦艦「オクラホマ」「ネバダ」、空母「エンタープライズ」および甲巡二隻、駆逐艦一二隻、これと入れ違いに入港せるもの戦艦「カリフォルニア」「テネシー」「ペンシルバニア」「アリゾナ」「ウエストバージニア」「メリーランド」、甲巡一〇隻、空母「レキシントン」、乙巡五隻、これらの入港艦隊は、戦艦、甲巡、乙巡、駆逐艦の順で、先頭湾口に達してより約二時間半を要す。

というものだった。

「空母がいる。腕がなるぜ」

攻撃隊の搭乗員たちは、自分の気持ちをふるいたたせた。

追って二十九日時点での在泊艦の位置も入ってきた。

A地区　海軍工廠、フォード島間

海軍工廠北西岸壁

戦艦「ペンシルバニア」「アリゾナ」

係留泊地
戦艦「カリフォルニア」「テネシー」「メリーランド」「ウエストバージニア」
海軍工廠修理岸壁
甲巡「ポートランド」
ドッグ入り
甲巡二隻、駆逐艦一隻
その他、潜水艦四隻、駆逐母艦一隻、哨戒艇二隻、重油船二隻、工作船二隻、掃海艇一隻
B地区　フォード島北西、付近海面
空母「レキシントン」、標的艦「ユタ」、甲巡一隻、乙巡二隻、砲艦三隻
C地区　東入江
甲巡三隻、乙巡二隻、駆逐艦一七隻、駆逐母艦二隻
D地区　中央入江
掃海艇一二隻

実にくわしい情報だった。

十二月六日、最後の給油を行なった。

「蒼龍《そうりゅう》」「飛龍」に給油し、さらに第一水雷戦隊にも給油した。七日の明け方には天皇の勅《ちょく》

語《ご》が打電されてきた。

「朕《ちん》おもうに連合艦隊の責務はきわめて重大にして、ことの成敗《せいはい》は国家興廃《こうはい》の繋るところたり。卿《けい》、それ多年艦隊錬磨《れんま》の績をふるい、進んで敵軍を勦滅《そうめつ》して威武を中外に宣揚《せんよう》して、もって朕が信倚《しんき》にそわんことを期せよ」

南雲は身を震わせながらこれを読んだ。

朝からはじまった給油はすべて完了し、タンカーは反転し、それぞれの待機地点に先行させた。

機動部隊はハワイ北方六〇〇カイリ、約一一〇〇キロに迫っていた。

南雲は体が震えた。飛行機を使って攻撃する前代未聞の戦いである。

「Z旗をあげよ」

南雲が命じた。

「皇国の興廃、この一戦にあり、各員一層奮励《ふんれい》努力せよ」

日本海海戦で東郷平八郎連合艦隊司令長官が掲げたZ旗である。

南雲はじっとZ旗に見入り、

「ともかく、ここまでもった。あとは飛行隊がやるかやらないかだ。あとは頼んだぞ」

と航空参謀の源田中佐に声をかけた。

「長官、飛行機に関する限り、大丈夫です」

源田がいった。南雲は「うむ」と短く応えた。南雲は気持ちを静めようと、コツコツと艦橋を歩いた。

空母の甲板には、整備員が精魂を込めて一本のピン、一本のネジも細かに点検し、爆弾、魚雷の装備も終わった約四〇〇機の飛行機が明日の出撃を待った。

先遣部隊の「伊七十二」潜水艦からは、「米艦隊は真珠湾にあり」という情報が寄せられていた。しかし空母は出港してしまったようで確認されておらず、それが残念だった。米空母は、十二月五日には消えており、行動中と認められた。

「残念、無念」

搭乗員たちは唇《くちびる》を噛んだ。

大本営海軍部からもこの情報が寄せられた。

南雲は空母を探索し、これを攻撃することも必要ではないかと一度は考えたが、「二兎《にと》を追う者は一兎《いっと》をも得ず」の格言がある。南雲は真珠湾に在泊する艦船に集中する覚悟を固めた。

「奇襲か、強襲かによって、戦果は大きく異なります」

と草鹿参謀長がいった。こちらの動きが察知され、敵が迎撃態勢をとっていれば、多大の犠牲が出ることは避けられない。

織田信長が桶狭間《おけはざま》で、敵の大将の首をとったのも奇襲攻撃によるものだった。

南雲はじっと沈黙を守り、出撃の朝を待った。

この夜、南雲は飛行隊の編成表に目を通した。

	指揮官	機種	機数	攻撃目標
第一次				
水平爆撃隊四隊	淵田美津雄中佐	艦上攻撃機	四九	戦艦
雷撃隊四隊	村田重治少佐	同	四〇	戦艦
急降下爆撃隊二隊	高橋赫一少佐	艦上爆撃機	五一	航空基地
制空隊六隊	板谷茂少佐	零戦	四三	空中、地上敵機
第二次				
水平爆撃隊二隊	嶋崎重和少佐	艦上攻撃機	五四	航空基地
急降下爆撃隊四隊	江草隆繁少佐	艦上爆撃機	七八	巡洋艦
制空隊四隊	進藤三郎大尉	零戦	三五	空中、地上敵機

南雲は一人ひとりの顔を思い浮かべた。

どの顔も歴戦の強兵だった。

何よりも頼りは、飛行隊長の淵田美津雄中佐だった。

「まあ、心配ありません」

といい続けてきた。

「おいブツ」と源田が呼ぶ村田重治《しげはる》少佐も、重大な鍵をにぎる人物だった。

「私は戦闘機の搭乗員に過ぎません。ブツ次第です」

と珍しく源田がいっていた。村田は雷撃隊の隊長である。雷撃隊の活躍如何《いかん》が、この攻撃の成否を決めることだった。

「なんとかいきそうですよ」

というのが村田の口癖で、南雲は村田の深刻ぶらないところが好きだった。性格も素直で、

「長官、おはようございます」とよく声をかけてくれた。

村田の同期生の江草隆繁《えぐさたかしげ》少佐は、部下の鍛え方は厳しかった。結局はすべて人間なのだ。

「皆、生きて帰ってきてくれよ」

南雲は祈った。

第一次、第二次に攻撃隊を分けたのは、飛行甲板の制約があり、二つに分けなければ、発艦できないためだった。あとは搭乗員の体調である。早朝、甲板では平時以上に熱心に海軍体操を行ない、南雲も一緒にこれに加わった。

十二月七日午後、機動部隊に対して、明朝決行の最後の命令が出された。すべては明日一日で決まるのだ。南雲は上杉謙信の軍旗「毘沙門天《びしやもんてん》」を脳裏に浮かべ、必勝を祈願した。

総員起こし

十二月八日、現地時間七日の黎明《れいめい》である。

日本時間午前〇時、ハワイ現地時間午前三時半、「搭乗員、総員起こし」の命令が各艦内に響き渡った。

風速一五メートル、強風である。外はまだ真っ暗である。うねりがあり艦は大きく揺れた。第一次攻撃隊の飛行機は甲板に並べられ、試運転の「ゴー」という音が甲板を包み、排気管からは青白い炎がでていた。飛行服に身を固めた搭乗員が続々、飛行甲板下の搭乗員室に集まってきた。

皆、わが軍の位置を確認し、今後の予定、航行方法などを検討した。そこに総指揮官の淵田美津雄中佐が入ってきた。平素とまったく変わらない表情である。

「おい、淵《ブチ》、頼むぞ」

と源田が呼び掛けた。

「おおう。じゃ、ちょっと行ってくるよ」

と、まるで隣のたばこ屋にでも行くような素振りで淵田がいった。二人は海軍兵学校の同期だけに信頼感は抜群だった。源田は急いで艦橋にかけ上がった。

南雲は第一種軍装に身を固め、艦橋から全般の状況を見守っていた。

側に草鹿参謀長が寄り添うように立っていた。

東風がほどよく吹いているが、うねりがひどい。重い魚雷を抱えた雷撃機が飛び立てるのか、不安な状況だった。

南雲は極度の緊張に襲われた。

「このうねりでは雷撃機の発進はむずかしいな」

と草鹿が源田にいった。

「そうですね。爆撃隊だけにしましょうか」

源田が応じた。ここで事故を起こせば、幸先が悪い。一機の事故もなくハワイに向けて発進させたかった。

南雲は困ったと思った。皺がますます深くなった。雷撃隊はいずれも百戦錬磨の搭乗員である。雷撃がなくなれば戦果も大幅にダウンする。なんとか飛ばしたい。しかし、このうねりでは危ない。

南雲は、決断を迫られた。

「若い連中には無理かな」

雷撃隊長の村田重治も慎重だった。若手を外すことも検討された。その旨が各空母に発光信号で送られたとたんに、「赤城」の雷撃隊の搭乗員たちが血相を変えて艦橋に飛び込んできた。ここは司令部幕僚以外、立ち入り禁止である。

「航空参謀、なぜですか」

「この程度のピッチングやローリングで止めたんじゃ、いったい、なんのために猛訓練してきたのか、分かりませんよ」

「冗談じゃない。これでは引き下がれない」

参謀長や航空参謀の胸倉《むなぐら》をつかみかからんばかりの勢いだった。その時である。

「待てッ」

と南雲が声をあげた。

海軍では上官からこの命令がかかると、そのままの姿勢で、動作を止めなければならない。一瞬、艦橋はシーンと静まりかえった。全員が南雲を注視した。

南雲は雷撃隊員を見渡しながら、

「お前たち、このローリングで魚雷を抱えて、みごと発艦できるのか？」

といった。この言葉を待っていたかのように、

「やれますッ」

「これしきのローリング、まったく問題はありません」

搭乗員たちは口々に答えた。

「よし、分かった、しっかり頑張りたまえ」

南雲が発艦を許可した。やがて「赤城」のマストに、

「飛行隊出発せよ」

の信号が掲げられた。

白布の鉢巻き

空がようやく明るくなった。

「長官、行ってまいります」

飛行隊長の淵田が南雲に向かって敬礼した。

「たのむ」

南雲は一言いい、淵田の手を握った。

空母は相変わらず揺れている。自分が「行け」と命じたのだ。南雲は体が震えた。

「長官はロボットだ」と搭乗員が批判していることも知っていた。だが今日は、自分の判断で発艦を決めたのだ。それは何が何でも成功させたいという南雲の気迫の表われだった。

淵田は、尾翼いっぱいに黄と赤で識別した総指揮官機に歩みよった。飛行機の側には整備兵曹が待っていて、

「これは整備員たちからの贈りものです」

といって白布の鉢巻きを手渡してくれた。

「ありがとう」

淵田は鉢巻きを飛行帽の上からキュッとしめた。

「赤城」は風上に立った。いよいよ発艦である。マストには戦闘旗があがった。

皆、固唾《かたず》をのんで発艦の光景に見入った。どの飛行機もエンジンの調子は完璧のようだ。

制空隊の零戦が航空灯を点滅させ、発進の準備が整ったことを知らせた。

発着艦指揮所から、発進を指示する青いランプが振られた。

発進である。

真珠湾に向け「赤城」を発艦してゆく零戦（第二次攻撃隊）

時に午前一時半、現地時間の午前五時であった。

先頭は板谷少佐の零戦である。零戦はうなりをあげて発進し、一瞬見えなくなったが、すぐに姿を現わし、たちまち高度を上げた。八機の零戦が数秒おきに発艦していった。見事な発艦だった。搭乗員のレベルの高さは世界一流であり、まったく不安はなかった。

南雲は、ほっと胸をなでおろした。だが、問題はこれからだ。

今度は淵田の番である。相変わらず艦の動揺は激しい。爆撃機が重い機体をゆすって滑走を始めた。南雲はじっと淵田の機体に見入った。淵田が偵察員席から南雲に向かって挙手の礼をした。

南雲もかすかに手を上げた。乗組員の帽子がちぎれるように振られている。その瞬間、淵田の飛行機は空に舞い上がった。

次は雷撃機である。一トン近い魚雷を積んで飛ぶのだ。南雲はおもわず拳をにぎりしめた。村田の雷撃機が発進した。なかなか飛び上がらない。左に傾いたまま村田機は、「赤城」の甲板を離れた。

「がんばれッ」

南雲は祈った。村田機はそのまま沈み、南雲は一瞬青ざめたが、飛行機はすうっと浮かび上がった。

「長官、飛びましたね」

草鹿はいった。

「うむ」

南雲の顔にはじめて笑みが浮かんだ。

村田の雷撃機が海に沈めば、その影響ははかり知れない。後続機も動揺して海に落ちるかもしれない。

「村田、頑張れ、頑張れ」

この時、南雲は必死に神に祈った。もう祈るしかない、そういう心境だった。

心臓が高鳴り、額には汗がにじんだ。

こうして第一次の攻撃隊一八三機が六隻の空母から飛び立った。十五分で全機が総指揮官機の周辺に集合して機動部隊の上空を一周し、機首を一路、オアフ島に向けた。

総指揮官機の後ろには、淵田が直接率いる水平爆撃隊四八機が続いた。その右五〇〇メートル離れて、村田少佐の雷撃隊四〇機があった。

高度は水平爆撃隊の二〇〇メートル下である。同じく高橋少佐率いる急降下爆撃隊五一機が、左方二〇〇メートル上にあった。

板谷少佐の零戦隊四三機は、急降下爆撃隊から約五〇〇メートル上空に位置し、敵機の襲来を警戒した。

編隊は次第に高度を上げた。

「まさに鞭声粛々《べんせいしゆくしゆく》、夜、河を渡るだな」

淵田は操縦席の松崎大尉に、伝声管に口を当てていった。

抜き足、差し足である。

下は真綿をちぎって敷き詰めたような雲海である。空はコバルト色に光りはじめ、やがて太陽が東の空に昇ってきた。悪天候だったら一体どうなっていたか、すべてツキまくっている感じだった。このまま敵に気づかれずに奇襲ができそうだ。淵田は確信を抱いた。

突撃の発信「トトト」


淵田の飛行機は、「クルシー」というアメリカ製のラジオ方向探知機を積んでいた。淵田はレシーバーを耳に当てた。

軽快なジャズの音楽が飛び込んできた。天気のニュースも入ってきた。おおむね晴れ、視界良好、北の風一〇ノットである。まったく問題はない。

飛び立って一時間半である。眼下にオアフ島が見えてきた。敵の戦闘機はまったく見えない。淵田は双眼鏡で真珠湾を見た。米海軍の艦艇が、身動きひとつせずに係留されていた。

淵田は信号拳銃を取り上げ、機外に向かって発射した。黒い煙がサーと流れた。奇襲開始である。ところが零戦隊が一向に行動を起こさない。淵田はもう一発信号を発射した。これを見て零戦隊はオアフ島の上空に向かった。

結果的に、信号二発で強襲のサインとなった。

後ろにいた急降下爆撃隊の高橋少佐が突撃の態勢に入った。ことは急を要した。戦艦が視野に入った。淵田は突撃命令を発した。

「水木兵曹、総飛行機あてに発信、全軍突撃せよ」

電信員の水木兵曹は電鍵《でんけん》を叩いた。

「トトトトトト」

突撃命令が繰り返し発信された。時に十二月八日午前三時十九分、ハワイ時間七日午前七時四十九分だった。

空母「蒼龍」から発進した雷撃機の操縦員・森拾三一飛曹は、「トトト」の合図とともに島の西北端から真珠湾の軍港めざして降下をはじめた。ワイアナ山脈の山と山の間をジグザグに進んだ。小隊は一機ごとに高度をぐんぐん下げた。眼下にホイラー飛行場が広がった。高度五〇メートルである。格納庫前には約二〇〇機の戦闘機が並んでいた。

これらが飛び上がってきたら雷撃機はお陀仏《だぶつ》である。

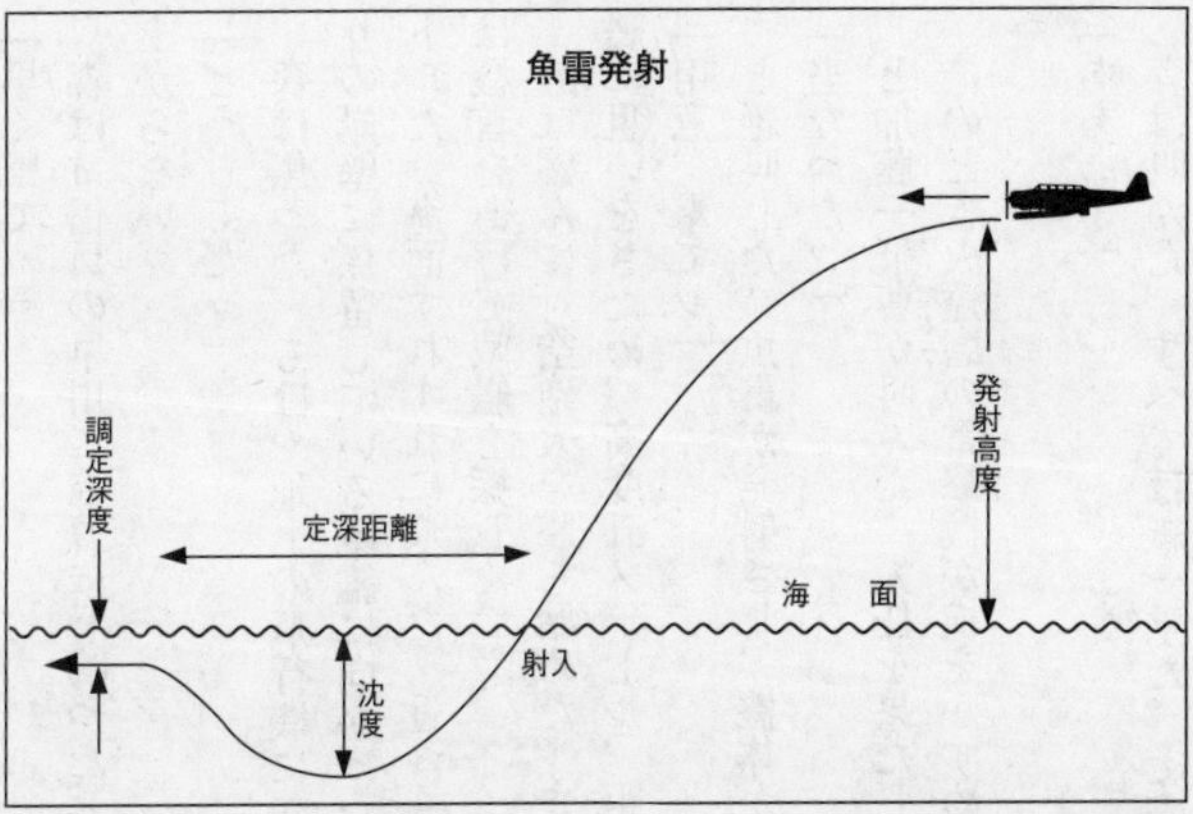

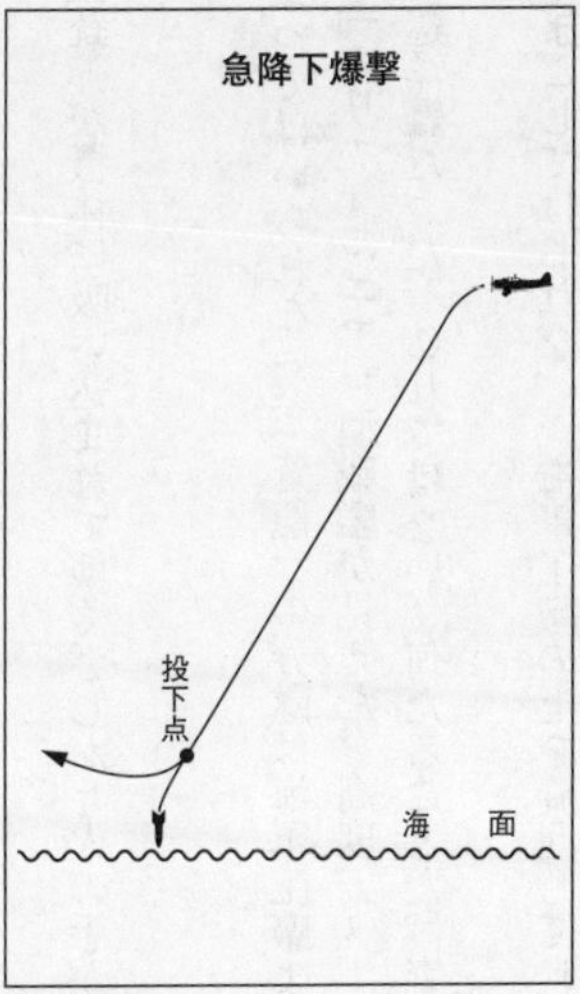

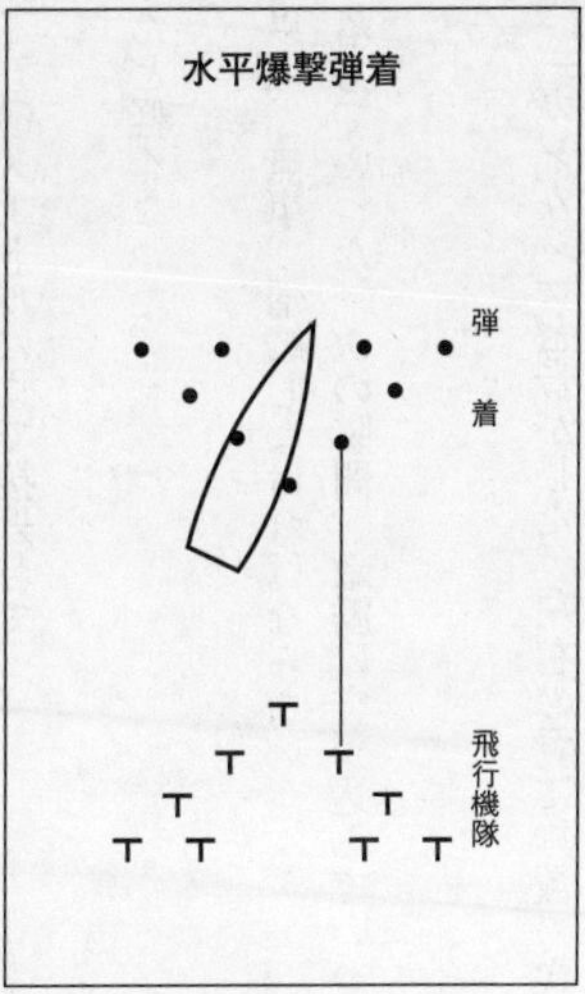

『戦史叢書ハワイ作戦』より

「早く撃てッ」

森は電信員の早川二飛曹に怒鳴った。機銃弾が機体に吸い込まれてゆく。しかし火の手が上がらない。

「どうしてだッ」

森は焦った。もはや地上の飛行機にかまってはいられない。「蒼龍」の分隊は海軍工廠よりの岸壁に係留している戦艦に向かった。「カリフォルニア」型戦艦が見えた。高度五メートルだ。海面すれすれに飛んだ。近づくと巡洋艦だった。これではない。何たることだ。森は機首をあげて戦艦を探した。

敵は盛んに対空砲火を撃ち始めた。まごまごしてはおれない。海軍工廠の上を旋回して戦艦に狙いをさだめ、高度五メートル、距離二五〇メートルにまで接近して、

「用意、撃てッ」

と絶叫した。魚雷が発射され、機体がぐんと軽くなった。

「当たったッ」

と加藤一飛曹が叫んだ。大任を果たした以上、無事、帰艦しなければならない。

そのとき火達磨《ひだるま》の雷撃機が横をかすめて落ちていった。次の瞬間、敵艦に突っ込んでいった。

「ああ！」

森は叫んだ。すべては紙一重だ。その時、「ガンガン」と音がした。左右の翼に無数の穴

があいている。対空砲火が命中したのだ。幸いガソリンタンクは無事だった。

座席のクッションから煙が上がっている。

「あちち」

早川二飛曹がとん狂な声を出した。

「はやく外へ捨てろッ」

森は叫んだ。クッションを機外に捨てた。高度は二〇メートル、なかなか上昇しない。焦りまくった。やっと洋上に出て高度を上げ、後ろをふりむくと、真珠湾はもうもうたる煙に包まれていた。

奇襲成功

攻撃隊の模様は刻々、艦橋に入っていた。

「全軍、突撃せよ」という総指揮官機からの電信が傍受され、午前七時五十三分には、

「トラトラトラ」

と奇襲成功の電文が届いた。

「われ主力を雷撃す、効果甚大」

「われフォード島、ヒッカムを爆撃す」

「われ敵重巡を雷撃す」

「格納庫三棟、地上飛行機五〇機炎上」

「防御砲火、激烈」

という無線も入ってきた。

米軍の無線も傍受された。

「パールハーバーの空襲は演習にあらず」

「オアフ島急襲される。SOS、SOS」

悲痛な声だった。奇襲攻撃が成功したことは、米軍の無線でも明らかだった。

「やってくれたなッ」

南雲も声が震えていた。

しかし、これで喜んでいる場合ではなかった。敵が反撃してくる可能性は大いにあった。

「直衛戦闘機を十分に配置し、対空砲火の準備もぬかりなきように」

南雲は草鹿参謀長に念を押した。真珠湾では恐らく激しい戦闘が行なわれているはずだった。雷撃機や急降下爆撃機は対空砲火に弱い。相当の犠牲者が出ているに違いない。燃料タンクを打ち抜かれれば、空母まで帰投することはできなくなり、洋上に不時着せざるを得ない。

「できるだけ艦隊を接近させよ」

南雲の指示は的確だった。

総指揮官の淵田中佐は、水平爆撃隊を自身で引率していた。

淵田機が翼を左右交互に大きく振った。爆撃開始の命令である。

後続機が二〇〇メートル間隔で、爆撃コースに入った。艦艇《かんてい》と陸上から砲弾を浴びせてきた。猛烈な対空砲火である。

高度は三〇〇〇メートル。

「ガン、ガン」と淵田機の機体が揺れた。胴体の左に弾丸の破片が飛び込み、操縦索の一本が三分の二ほど切れた。横にいる三番機はガソリンタンクをやられた。

「急いで帰投せよ」

淵田が信号を送った。

淵田の中隊が、ダイヤモンドヘッドから爆撃を行なおうとしたとき、フォード島東側の戦艦群から大爆発が起こった。一〇〇〇メートルにも達する火柱である。それは戦艦「アリゾナ」の断末魔の姿だった。

日本軍の攻撃はじつに的確だった。

三〇〇〇メートルの高さから爆弾を投下するのだ。どう考えても命中は困難に思えるのだが、淵田の中隊の技量はまさに神業だった。

爆弾を投下すると、淵田が急いで下方の窓を開き、落とした爆弾の行方を見守った。爆弾が伸びていく一直線上に戦艦「メリーランド」が近寄ってくる。はたして当たるのか。淵田は固唾をのんで見つめた。

爆弾は次第に小さくなってゆく。目を凝らして息をのむ。やがて爆弾はケシ粒のようになって消えたと思った瞬間、甲板に二筋の白煙が立ち上った。

南雲機動部隊の空襲で被弾、黒煙を上げる真珠湾在泊の米戦艦群

四発中、二発命中だった。

驚異の命中率だった。

第一次攻撃隊が発進して、一時間十五分後に発進した嶋崎重和少佐が指揮する第二次攻撃隊も、ハワイ時間の午前八時四十分にカフク岬沖に到着し、十数分後には攻撃を開始した。内訳は、嶋崎少佐率いる五四機の水平爆撃機と江草隆繁少佐率いる七八機の急降下爆撃機と、進藤三郎大尉が率いる三五機の零戦である。

淵田は上空で見守った。

少し雲が出て目標の確認が困難だった。

急降下爆撃隊は四〇〇〇メートルから一気に急降下するのだが、下に雲があり、いきなりの降下は困難だった。江草少佐はいったん低空に降りて目標をさだめ、それから降下していった。

同じように水平爆撃隊も雲に悩まされた。

嶋崎少佐は思い切って二〇〇〇メートルに降下、対空砲火をものともせず爆弾を投下した。

奇跡的に一機の損害もなかった。

南雲の迷い

第二次攻撃隊からも、矢つぎばやに電報が入った。

第一次は奇襲攻撃だが、第二次は強襲である。かなりの損害が予測されたが、攻撃隊はそれをはねのけて戦果をあげた。

あとは無事に帰艦することだ。

南雲は神に祈った。成功の陰には必ず犠牲者がいる。一機でも多く帰艦して欲しい。南雲は願った。

途中で燃料切れを起こす飛行機もあろう。怪我人もいるであろう。損傷を受け、飛ぶのが困難になった機体もあるだろう。帰途、コースを見失う機もあるだろう。心配はつきなかった。

南雲は双眼鏡を手に帰艦する味方機を探した。味方機は波状運動をしながら近づいてくる。

一機、また一機と攻撃機が甲板に舞い降りた。

「よく無事に戻ってきてくれた」

南雲は涙を浮かべながら着艦する飛行機に見入った。その時である。

「参謀長、第三次攻撃の要ありです」

と航空参謀の源田中佐がいった。

南雲はハッとして源田を見た。源田の目が激しく燃えていて、何が何でも飛ばしたいという強い意志を感じた。

「しかし」

と草鹿がいった。明らかに「それは無理だ」という表情だった。

「敵が反撃できなくなるまで叩く必要があります」

源田は譲らない。南雲の心中は「もうこれでよい」という気持ちが強かった。

「総指揮官機が帰ってくるだろう。淵田中佐の報告を聞くことが先決だ」

と南雲がなかに入った。

開戦前の図上演習では敵空母部隊に反撃されると、こちらは大損害をだすと予告されていた。南雲はそのことが脳裏にあった。犠牲者はできるだけ少なくし、本土に帰国したい。そのことが先にあった。

そこへ淵田が戻ってきた。

「再攻撃の要ありです」

淵田も第三次攻撃を求めた。

「なにを攻撃目標とするのか」

と草鹿が聞いた。

「やはり海軍工廠と重油タンクでしょう。これを残しておいては、米軍はすぐに反撃してくるでしょう」

淵田の報告は的確だった。たたみかけるように、第二航空戦隊の山口多聞司令官から、

「われ第三次攻撃隊の準備完了」

の信号が入った。源田と淵田は「してやったり」という表情でうなずいた。

「うむ」

と南雲は言葉に詰まった。

気になるのは敵の空母である。日本軍の攻撃は当然、敵空母に伝わっている。そうなれば、日本の機動部隊を必死に捜し、反撃してくるだろう。

「敵機が襲来した場合だな」

南雲がいうと、源田は「来たら落とすだけです」と答えた。

「敵の空母を叩かなければ、この作戦の意味はない。数日ここに留まり、空母を捜すべきです」

源田は強気だった。南雲にはそこまでの勇気はなかった。リスクがあまりにも大きすぎた。ここに留まる場合、燃料の補給が必要である。タンカーを呼ぶには無線を使わなければならない。当然、こちらの居場所は敵に筒抜けになる。また魚雷、爆弾の量にも限界がある。

虎の子の空母を無傷のまま日本に帰すことが得策だ。

南雲はそう判断した。

怒る山口

第二航空戦隊司令官の山口多聞少将は、南雲とは対照的な人物で、なにごとも積極果敢だった。絶対に石油タンクをつぶす、山口はそのつもりでいた。戦争は気迫、先手必勝と山口は考えていた。現場の空気は第三次攻撃の実施だった。この際、ハワイを徹底的に叩く。中途半端では危ないということだった。

「分かった、このあとは司令部で決める」

と草鹿がいい、淵田は引き下がった。

淵田が搭乗員たちに艦橋の模様を語ると、

「参謀長はにえきらないなあ」

と一様に不満顔だった。

「敵の飛行機はないのだ。もっとハワイに近寄って攻撃隊を出せばいいんだ」

「この際、敵空母部隊を探して決戦に及ぶべし」

「これからサンフランシスコ攻撃に向かおうじゃないか」

「そうだッ、そうだッ」

搭乗員たちは、口々に再攻撃を求めた。しかし、

「あれ、おかしい」

と気づいたとき、「赤城」のマストには変針の進路信号があがっていて、機動部隊はもと来た道を真っ直ぐに戻りはじめていた。

南雲は「潮時だ」と判断した。

敵の空母もこちらの機動部隊の捜索に入っているだろう。敵攻撃機が襲来すれば、それこそ敵地のど真ん中で血みどろの戦闘になる。六隻の空母にも損害がでるだろう。往路と同様、数千キロの航路をまた戻らなくてはならない。ここは離脱に徹するべきではないか。

「これでいいのだ」

南雲は自分にいい聞かせた。

山口司令官は、なかばあきらめていた。

「南雲さんはそういう人だよ」

と寂しそうにつぶやいた。

南雲は慎重な人間であり、山本長官から命令がない以上、一か八かのように動くことはできなかった。

プランゲの感想

この時の南雲の心境を、ゴードン・W・プランゲはこう表現した。

「行動開始のそもそも初めから、南雲長官の慎重な性格は、作戦につきまとう恐るべき危険性について、反発を感じていた。真珠湾奇襲を目的とする機動部隊、すなわち第一航空艦隊司令長官の職についてはいたものの、海軍航空兵力を支援任務から主兵力任務に引き上げることによって開かれた新しい戦略を展望するなどということは、南雲長官自身にはまったくできない相談であった」

といい、さらに、

「南雲長官は真珠湾攻撃の成功を目のあたりに見たこの時においてさえ、攻撃の成果をそれまでの海軍思想に合わせるように理論づけて考えていた。南雲長官にとって真珠湾の勝利も、水上部隊に対する航空部隊の勝利としてではなく、心おごれるものに対する奇襲による勝利としか、映《えい》じていなかった」

と記述した。プランゲにいわせれば、南雲にとって航空機はしょせん支援任務の代物であり、最後は戦艦同士が堂々とぶつかりあい、雌雄を決するという日露戦争以来の発想が根源にあった。

日本海軍がソ連のバルチック艦隊を討ちやぶった、あの海戦である。

水雷屋として育った南雲は、そうした面から脱皮できなかった、とプランゲは推理した。

しかし、南雲も航空隊の戦果に驚嘆したことは間違いなかった。

だが、これ以上の損害はごめんだ。こちらの傷を最小限にとどめて、とにかく帰国したい。その考えが南雲を支配していた。

人は小心というかもしれない。どういわれようが、安全が第一なのだ。南雲はそう考えたのだ。軍令部からも「艦は沈めるな」と釘を刺されていた。

しかし、そのあとに起こったミッドウェー海戦を考えれば、ここは強硬策だった。

当時の搭乗員の技量からすれば、仮に敵機が攻めてきても、ことごとく撃墜できた可能性が高かった。

南雲は千載一遇のチャンスを逸したともいえた。

奥宮の意見

私は攻めるべきだと思ったが、大本営海軍参謀を務めた奥宮正武《おくみやまさたけ》の意見は、引き上げて当然というものだった。

私は奥宮に直接、取材したことがあるが、第三次攻撃には二つの条件が整う必要があったと奥宮は語った。

ひとつは敵空母部隊の行方をつかむことである。そのためには多くの索敵機を飛ばし、探さなければならない。もし第三次攻撃中に敵空母から艦載機が来襲すれば、南雲機動部隊にかなりの損害が出る可能性があった。

たしかにハワイを出港した二隻の空母は不気味だった。

これを探索せずに、ハワイへ再攻撃に向かうのは不用意だった。

探索には最低数時間を要したであろう。その間、搭乗員の気力をどう保持するか。

なるほど考えてみれば、難しい問題がいくつもあった。

となれば、南雲司令長官を一方的に責めることは、無理というものだった。

第二の問題は燃料である。燃料が切れれば艦隊は立ち往生となってしまう。

「さらに石油タンクの攻撃云々と人はいうが、タンクを破壊したところで、米軍が大型タンいなかった。

カー数隻をハワイに回航すれば、事足りる」

奥宮はそうもいった。

すべては意見の分かれるところであり、最終判断は南雲にあった。当初からこの作戦に慎重だった南雲である。

第二次攻撃隊の飛行機が帰還した瞬間、「帰る」という思いで頭がいっぱいになったに違いなかった。

生返事

この日、山本五十六は広島湾外柱島《はしらじま》泊地に係留する連合艦隊の旗艦「長門」の作戦室で、じっと電報を待っていた。

作戦室の壁には、太平洋全域を示す大海図と、東南アジアの各海域を表わす海図が貼られていた。中央の大きな机の上にも、作戦命令綴《つづり》や電報綴がきちんと置かれていた。

山本は奥の大机を前にして椅子に深々と腰を下ろし、半目を閉じながらじっとしていた。

右側には宇垣纒参謀長がいた。

宇垣は眼鏡をかけて卓上の海図を見つめていた。

参謀たちは銘々《めいめい》、電信綴や海図に見入っていた。恐ろしいほどの緊張が作戦室を包んでいた。首席参謀の黒島亀人大佐が、

「そろそろ始まるころですが」

と小声で壁面の時計を見上げた。そのとき、司令部付通信士が飛び込んできた。

「当直参謀、ト連送です、飛行機突撃下命です」

と叫びながら、受信紙を当直の佐々木彰航空参謀に手渡した。

「お聞きのとおりです。発信時刻三時十九分（日本時間）です」

と佐々木参謀が報告した。一瞬、作戦室はざわついた。

山本は口を真一文字に結び、目を大きく見開いてうなずいた。

皆、山本を見つめたが、山本は無言だった。

ひどい損害がでているかもしれない。様子がまったく分からない段階で、迂闊《うかつ》なことはいえなかった。攻撃を開始したということは奇襲成功の可能性が大だった。宇垣参謀長が、

「いまの飛行機の電報は直接了解したのか」

と通信士に聞いた。

「はい、その通りです」

と通信士が答えると、

「そうか、鮮やかなものだ」

といった。まもなく奇襲成功を知らせる電報の嵐である。

「奇襲成功だ！」

と首席参謀が叫んだ。

「ほおう」

山本がはじめて笑みをこぼした。こうして二時間におよぶハワイ攻撃は刻々と伝えられた。戦艦二隻沈没、同四隻大破、巡洋艦四隻大破など一応の戦果だったが、空母不在はやはり一《いち》抹《まつ》の不安を抱かせるものだった。そのとき、空母「エンタープライズ」の搭載機がハワイの飛行場に着陸するという米軍の電報を受信した。敵の空母は急ぎ帰港中のようだった。

「南雲部隊はもう一回、攻撃を再開したらいいのだ」

と作戦参謀の三和義勇大佐が航空参謀に話しかけた。空母をやっつける絶好の機会と考えた。

連合艦隊司令部の空気は積極策が多かった。千載一遇のチャンスなど滅多にあるものではない。

積極策の筆頭は黒島首席参謀だった。

「敵空母を求めて再攻撃すべし」

黒島は強硬に主張した。

「このまま帰ったら腰ぬけだよ」

という声もあった。

「さあ、どうですかなあ」

と佐々木航空参謀はうかぬ表情だった。現場の状況が分からない以上、何もいえないという思いが航空参謀にはあった。

すると山本の眼光が鋭く光った。

「南雲はまっすぐ帰るよ」

　山本はそう漏らした。

「将棋の指し過ぎはいかん」

　といったという説もある。

　山本は複雑な心境だった。

　自分が「赤城」で指揮をとっていれば、即座に攻撃に向かわせただろう。しかし、現場にはいないのだ。結局、山本から攻撃の命令はなかった。この時の山本はどこか煮え切らなかった。

揺れ動く心

　この場面、阿《あ》川弘之《がわひろゆき》の名作『山本五十六』（新潮社）では、こんな表現になっていた。

「そりゃ無理だ。泥棒だって、帰りはこわいんだから」

　といい、

「やれる者は、いわれなくたってやるさ、やれない者は遠くから尻を叩いたって、やりはしない。南雲じゃだめだよ」

　ともいった。

これは間違いなく山本の本音だった。山本は参謀たちの第三次攻撃の主張を止めたが、南雲が空母を逃したことがどうしても不満だった。戦艦程度で帰ってきてもらっては困る。そういう思いがあり、最初から素直に喜べなかった。

連合艦隊司令部と南雲機動部隊の間には、違和感があった。

午前六時には大本営が日米開戦を告げた。

「大本営陸海軍部発表、帝国陸海軍は本八日未明、西太平洋において米英両軍と戦闘状態に入れり」

六時に大本営が発表した開戦の情報は、七時に臨時ニュースで放送された。

のちに南雲機動部隊が桂島に帰投したとき、山本はすぐに迎えにはでなかった。それが不満の表われだった。あのとき、「空母を探せ」となぜ命令しなかったのか、後悔もあった。

それが故郷、長岡の姉に宛てた手紙に記されていた。

「いよいよ戦が始まりましたが、どうせ何十年も続くでしょう。あせっても仕方がありません。世のなかではからさわぎをして、がやがやしているようですが、あれでは教育も修養も増産も余りうまくできぬでしょう。重大時期になればなるほど皆が持場を守ってシーンとしてコツコツやるのが真剣なので、人が軍艦を三隻や五隻沈めたとて、なにもさわぐに当たらないと思います」

山本は覚めていた。なぜか。

開戦の前、山本は時の総理、近衛《このえ》文麿《ふみまろ》に呼ばれて、戦争についての意見を求められた。

「海軍はどう考えておるのか」

と近衛が聞いた。「勝てるのか、負けるのか」という問いだった。

山本はこういった。

「半年か一年は随分、暴れてご覧にいれる。しかしながら二年、三年となれば、まったく確信はもてません」

保証するのはせいぜい一年ですよと、念を押した。

長期戦になれば日本は負けますよと、いったつもりだった。

政治家ならいわんとすることは、分かってくれるだろうと思った。

そのせいもあったか、近衛は辞任し、陸相だった東條英機が政権を担当した。

東條は生真面目で人情もそこそこ厚く、どちらかといえば能吏《のうり》のタイプで総理の器ではなかったが、とにかくアメリカ嫌いだった。

知米派の参謀はことごとく避け、

「米国の将官は無知が多い」

などと、国会で証言するような参謀を身近においた。

現代史家・秦郁彦《はたいくひこ》は、無知な将官の筆頭に佐藤賢了《けんりょう》軍務局長をあげたが、佐藤は七年もアメリカに駐在していたにもかかわらず、日米戦争回避に動いた気配はなかった。昭和十八年三月の衆議院決算委員会で、佐藤は「米国将校の戦略戦術の知識は非常に乏しく、幼稚であります」などと答弁をし、政治家に判断を迷わせた。これは大罪だった。

にもかかわらず戦後、佐藤が書いた『大東亜戦争回顧録』(徳間書店)を読むと、「山本はもっと声を大にして反対すべきだった」とまるで違った表現をしていた。

責任逃れである。

陸軍にも海軍にも、冷静に戦争の是非を分析する参謀が少なかった。山本は日本政府の外交手腕に期待した。しかし議会も言論界も戦争に賛成だった。日本は日米開戦という熱病にかかっていた。

山本は、確かにハワイ攻撃で「緒戦は暴れて見せる」という約束を果たした。しかし、問題はこれからである。

新聞は真珠湾攻撃を大々的にたたえたが、山本の目から見れば不十分だった。いくら戦艦を沈めてみたところで、アメリカの空母は無傷である。当然、反撃をしてくるだろう。山本の胸中は複雑だった。

空母の不在は不運としかいいようがなかったが、浮かれている新聞や政治家たちを見ていると、山本は素直に喜べなかった。

内地帰投

さっさと帰投を決めた南雲機動部隊は、無線封鎖を行ないながら帰国を急いだ。

南雲の脳裏にあるのは、米国からの反撃、追撃だった。それは十分にありえることだった。

敵空母に追いつかれた場合は当然、一戦を覚悟しなければならない。

そのときは空母同士の決戦になる。

南雲は後方に索敵機を飛ばして警戒に当たった。しかし米軍の反撃はなかった。

連合艦隊司令部や米軍の電波からも追撃の情報はなく、補給地点で待機していたタンカーとも無事合流、燃料を補給することもできた。

補給を終えて、やれやれと思ったところに連合艦隊司令部から次の電報が届いた。

「帰路、状況の許す限りミッドウェー島を攻撃、使用不能になるよう徹底破壊に努めるべし」

というものだった。これを見て草鹿参謀長が不満を唱えた。

「長官、これはなんですか。われわれはハワイで戦ってきたのですよ。ミッドウェー島に敵はいるのですか」

「どうかねえ」

南雲は考え込んだ。機動部隊は大戦果をあげたのだ。まず帰国して国民に挨拶するのが筋ではないか。にもかかわらず、もう一働きさせようというのか。これで飛行機を二機でも三機でも失ったらどうするのだ。こんな事を考えるのは黒島亀人首席参謀あたりに違いない。

「あの野郎め」

南雲は不快きわまりない顔をした。

だが最終的には山本長官の決裁がなければ発令されないはずである。

「山本さんはなにを考えているのか」

という不信感にもつながった。山本は南雲が空母を叩けなかったことで、なにかもうひとつ戦果がほしいと考えた。それがミッドウェー島の攻撃だった。

これはいい換えれば、「おれは不満だよ」という山本のサインだった。それが露骨に感じられた。

この問題、山本にも悪いところがあった。

山本は肝心なところで自分の意見をはっきりいわなかった。ひとこと「石油タンクを叩け」と命令を出せばよかったのに、「南雲は帰ってくるよ」と他人事のセリフで終わってしまった。山本の名言として「やってみせ、言って聞かせて、させてみて、褒めてやらねば人は動かじ」があったが、この時はなにも南雲にしなかった。

いっていることと実際は、時として大きく異なるものである。かくてハワイ攻撃は中途半端な形で終わってしまった。

一方、南雲機動部隊はどうだったか。

ミッドウェー島は、日本とハワイの中間地点にある米軍の要衝《ようしょう》である。確かにここに航空基地があるのは目障りだった。

「しかし」

と草鹿も連合艦隊司令部の命令に反発した。

広島湾に安居して机上プランだけをしている連中に、前線の苦労が分かるはずはない。

「将棋の駒のように勝手に動かすな」という反発があった。草鹿が気にしたのは、敵潜水艦の動きだった。一発魚雷を食えば、空母は即炎上する。ここは一刻も早く日本に帰りたかった。それを配慮しない司令部はなんなのか。

「相手の横綱を破った関取に、帰りにちょっと大根を買ってきてくれというようなものだ」

草鹿は参謀を相手に怒鳴りまくった。

南雲も草鹿のいうとおりだと思った。

幸いというか、この日を境に海が濃霧に包まれた。これでは飛行機は飛べない。

天候悪化でミッドウェー島の攻撃は中止となった。しかしトラック島の第四艦隊がウエーキ島攻略で苦戦していたため、機動部隊の一部を割いて第四艦隊の応援に出した。

この作戦で第四艦隊と無線連絡したため、米軍に機動部隊の位置を教えてしまい、潜水艦の追跡を受ける羽目になった。

米軍の潜水艦はいたるところに潜んでおり、南雲は不機嫌だった。

草鹿龍之介少将

海の上は油断も隙もない。連合艦隊司令部はその辺の認識が甘かった。

十二月十七日午後六時、敵潜水艦が接近し、駆逐艦が空母の周りを走り回る出来事があった。

「爆撃機も飛ばせッ」

南雲は怒鳴った。

ただちに艦上爆撃機が飛び立ち、至近距離に迫った潜水艦を発見し、これに爆雷を投下し、息の根をとめた。潜水艦は二隻潜んでいて駆逐艦がもう一隻も見つけて爆雷攻撃を反復し、これも撃沈したと思われた。

実に危ないところだった。こんなところで空母にもしものことがあっては、

「天皇陛下に申しわけがたたない」

と南雲は額の汗をぬぐった。

「まったく司令部は何を考えているのか」

ついに南雲も怒りを爆発させた。この事態になって連合艦隊も父島北方海域に敵潜水艦掃討のために飛行機や駆逐艦を出し、南雲機動部隊の帰投に協力した。これで連合艦隊司令部とのいさかいも消えたかに見えたが、実はそうではなかった。

山本との確執

南雲機動部隊が柱島の泊地に錨を下ろしたのは、十二月二十三日夜である。

出迎えたのは連合艦隊の宇垣纏参謀長だった。

宇垣は「赤城」の長官公室にはいると、南雲にお祝いの言葉を述べ、

「草鹿、よくやってくれた」

と手を差しのべたが、草鹿はすぐに手を握ろうとはしなかった。

「長官は来られないのですか」

と憮然とした顔で聞いた。これだけの大作戦を成功させて帰ってきたのだ。山本長官が出迎えてくれて当然ではないか、草鹿はそう思った。南雲も不快だった。

「今日は遅いので、明日はお見えになるだろう」

と宇垣はいった。草鹿は黙っていなかった。

「すべては天佑神助《てんゆうしんじょ》のおかげです」

と謙遜して見せたあと、

「ありゃあなんですか、帰りにミッドウェーを攻撃しろというのは。作戦命令にないことを付け加えられては、困りますなあ」

と文句をいった。

「いや、あれは命令第一号に出ていたはずだぞ」

と宇垣は答えた。すると草鹿は、

「あれは敵の反撃に対し、大いなる考慮を要せざる場合、という条件だったでしょう。こちらは無線封鎖中ですからね。もっと、現場の状況を考えてもらわなければ、困りますよ」

と嚙み付いた。宇垣は、

「いや、すまんことをした」

と滅多に下げたことのない頭を下げた。

草鹿の顔は怒りで真っ青だった。

この一件で、連合艦隊司令部と南雲司令部の間には、ぎくしゃくした関係が、いっそうふくらんでしまった。

山本の訓示

翌日、南雲は幕僚を連れて連合艦隊の旗艦「長門」に向かい、山本に挨拶した。

山本は長官公室で南雲らを迎え、

「ご苦労さん」

と皆を慰労した。

このあと永野修身《おさみ》軍令部総長も駆け付け、南雲は二人にハワイ攻撃の戦果を報告した。

南雲は、山本からなにかいわれることを覚悟していた。「なぜ第三次攻撃をしなかったか」という点である。どう答えたらいいのか、南雲は迷っていた。あれだけの戦果を上げて空母を一隻も失わずこうして帰ってきたのだ。非難されることは、なにひとつないはずだった。しかしどこかに、もやもやした空気があった。

結局、攻撃の命令がなかったということだ。山本から命令があれば、南雲は第三次攻撃に踏み切ったはずだった。山本が帰投を黙認したのだ。

山本もいいにくいだろうという読みはあった。

まさにその通りだった。

黒島首席参謀と佐々木航空参謀の意見が異なったこともあり、山本自身が腰くだけになった。

結局、南雲まかせの判断をしてしまった。

それがあるだけに、山本はなにもいえなかった。どこか気まずいままに、この場は終わってしまった。

大喜びなのは、「空母を損傷してはならぬ」と命令を発した永野軍令部総長だった。

ニコニコ顔で南雲を慰労し、そのかたわらで山本はむっとしていた。

永野と山本は好対照だった。

山本は小粒だがピリッとして緊張感があったが、永野はどこか間の抜けた雰囲気があった。

風貌がいまひとつパッとしなかった。

人は永野を海軍の「三大ブスケ（醜抜けた男）」といった。

たしかにのっぺりした顔だった。

「グッタリ大将」、あるいは「眠れるカバ」とも呼ばれた。いい年をして若くて綺麗な後妻をもらい、夜の務めが大変で精力が減退し、昼はぐったりして居眠りばかりしているという意味だった。

トントン拍子で偉くなった人物は、やっかみ半分で悪口をいわれるものだが、永野はとくにひどかった。

その点、山本は、

「そうか、そうか、フム」

と物分かりのいい口調なのだが、目はいつも光っていて、こわさがあった。

この日の午後には、山本と永野は「赤城」に向かい、長官公室に集まった各級指揮官に厳しい口調で訓示した。

「真の戦争はこれからである。奇襲の一戦に心がおごるようでは、真の強兵ではない」

と釘をさした。

南雲はむずかしい顔をして聞き入った。山本が部下の将兵たちを一向に褒めてくれないことに、不満だった。ハワイ作戦のどこがよくなかったのか、はっきりいってくれればいいではないか。そうも思った。山本のそういう冷たさが、南雲には耐えがたかった。南雲は部隊に戻るや宴会を開き、酔いが回ると、連合艦隊司令部に苦言を呈した。

「あいつらは柱島で昼寝しておる連中だ」

と大声でいった。

「長官、いいじゃないですか、のみましょう」

周囲がなだめると、

「若い奴はいい。ブスだけ残れ」

といって年寄りの芸者を集めて、唄を歌った。南雲の唄は「花笠音頭《はながさおんど》」や「庄内おばこ」など、郷里山形のものが多かった。人間年輪を重ねると、しっくりくるのは、郷里の唄だった。南雲は目を細めて米沢を思い、両親や兄弟を思った。

若い芸者より年寄りがいいというのは、いかにも南雲らしい地味なのみ方だった。

飛行隊の方は各地で大歓迎だった。

鹿児島に帰還した淵田らは鹿児島県知事主催の大宴会に招かれ、搭乗員たちは深夜までドンチャン騒ぎをした。それから山本長官との昼食会、さらには天皇陛下の拝謁《はいえつ》と大変なことになり、連日続くお祭り騒ぎに、淵田らは忙殺された。

「おい、こんなことでいいのかね」

淵田は大いに疑問だった。

攻撃隊を直接指揮した淵田の胸にあるのは、やはり米空母を討ちもらしたこと、石油タンクをそのままにしてきたことだった。

それぞれの立場で、どこかにすっきりしない不満があった。

生と死のはざま

淵田は時おり、陰鬱な表情を見せた。それはハワイ攻撃で戦死した搭乗員たちの表情が脳裏をかすめるためだった。

「飛び立ってすぐに海中に没した零戦もあった。

それは「蒼龍」の飛行機だった。

うねりが高く波頭は艦首にくだけ、不気味なローリングが続いていた。まず零戦九機が発艦を始めた。山口多聞少将が帽子を振るなか、零戦が次々に発艦した。何機目かの零戦が海面に激突し、そのまま海中に没してしまった。

緊張のなせる業だった。

「蒼龍」飛行隊は帰路、ウエーキ島の攻略作戦の協力を命ぜられ、爆撃機の一機がグラマンに食いつかれ、火達磨となって海中に没した。操縦の佐藤飛曹長、偵察の金井一飛曹は「蒼龍」飛行隊ピカ一のベテランだった。

「なんでウエーキで道草を食わせたのか」

淵田が痛恨の涙を流した戦死だった。

「蒼龍」はどこかツキがなかった。

「蒼龍」から発進した第二次攻撃隊の制空隊長は、飯田房太大尉だった。

ハワイ真珠湾上空を二度ほど回ったが、迎撃に上がってくる敵影が見えない。そこでカネオヘ水上基地の地上攻撃に移った。

そのとき飯田機は対空砲火で被弾した。運悪く燃料タンクに穴が開き、ガソリンが噴きだした。燃料のゲージが刻々減っていく。「まさか自分が」という思いだった。残された道は自爆だった。あまりにも早すぎる死に無念だった。

制空隊を上空に集合させた飯田大尉が手旗信号で、

「われ燃料なし」

と送り、それから翼を振って、僚機に片手をあげ、急反転して機首を基地に向け急降下していった。

「蒼龍」飛行隊の急降下爆撃機の二機も、軽巡洋艦と駆逐艦に突入自爆が認められた。対空砲火でやられたものと思われた。

また、湾内に不時着した日本軍の一機があり、搭乗員の一人は付近を泳いでいた。駆逐艦「モンゴメリー」が救助しようとしたが、搭乗員は拳銃で応戦したので、射殺された。

これは零戦と思われた。

帰路、コースを見失い、海面に沈んだ飛行機もあった。空母から電波が発射できないために誘導することができず、電信員は泣く泣く飛行機を見殺しにせざるを得なかった。

「これが戦争だよ」

淵田は、いつも生と死のはざまにある搭乗員の苦しみと悲しみに胸が痛んだ。

なかには奇跡的に助かった人もいた。

同じ「蒼龍」雷撃機の森拾三一飛曹ら三人である。戦艦を雷撃して帰途についた。

一時間三十分ほど飛んで、水平線の彼方に機動部隊の姿が見えてきた。

眼下に空母「蒼龍」が見えた。着艦の準備を始めると右脚が出ない。

「おい、加藤一飛曹、見てくれッ」

と森が叫んだ。

「出ません、脚装置がやられました」

という。ただちに発光信号でこの旨を「蒼龍」に送ると、

「着水せよ」

と指示があった。もちろん着水の訓練などしたことはない。機体を捨てるのは残念至極だが、いかんともしがたい。出ている左脚を引っ込めた。後方の駆逐艦に合図を送った。「ガ

クン」と衝撃音がしてなんとか着水した。飛行機はすぐに沈み始めた。

「森一飛曹、早く早くッ」

と早川二飛曹が叫び、森は涙をのんで海に飛び込んだ。次の瞬間、飛行機は海中に突きささるように海に没していった。

雷撃機の三人は救助艇に救いあげられ、駆逐艦「谷風」に収容された。三人はハワイ攻撃の満足感と生きて士官室に連れてゆかれ、作業衣を借りて着替えた。三人はハワイ攻撃の満足感と生きていることの喜びに浸った。

南雲機動部隊は翌正月早々、南方作戦への協力を命じられた。

ハワイの米太平洋艦隊は当分動けないという連合艦隊司令部の判断だった。

その間に南太平洋に展開するイギリス、オランダ海軍を叩く作戦だった。これがとんでもないミスを連発することになる。

ハワイ作戦は神経をトコトンすり減らし、緊張に緊張を重ね、ようやく成し遂げた作戦だった。ここは乗組員を休養させ、休暇を与える必要があった。また搭乗員には再訓練も必要だった。今度はなにを目標にどう戦うのか、作戦を練り上げ、それに沿って訓練をしなければならなかった。

飛行機は非常にデリケートな乗り物だった。たえず訓練をしていないと搭乗員の技量はどんどん落ちていくのだ。

連合艦隊司令部と現場の乗組員、搭乗員にも大きなずれがあった。

第三章　アメリカの衝撃

米軍の相次ぐミス

プランゲの『トラトラトラ』によれば、昭和十六年一月二十四日、ノックス海軍長官がスチムソン陸軍長官に対し、次の書簡を送っていた。

「日本と戦争になる場合、真珠湾にあるわが艦隊や海軍基地に対する奇襲攻撃によって戦闘が開始されることが、容易に可能であると信じられる。わが艦隊または海軍基地が受ける大惨事の可能性にかんがみて、できるだけすみやかに、そのような奇襲攻撃に対処する陸海軍の共同準備を増進するため、あらゆる手段をとる必要があると考える。

奇襲攻撃によって考えられる危険性を、その重大性の順序によって列挙すれば、次のとおりである」

として六点をあげていた。

一、爆撃

二、航空魚雷攻撃
三、敵のゲリラによる破壊、妨害工作
四、潜水艦による攻撃
五、機雷による攻撃
六、艦砲射撃

ゲリラはハワイに移住した日本人を指し、危険分子とした。

米海軍のハワイの最高司令官ハズバンド・E・キンメル提督は太い縁の眼鏡をかけた長身のケンタッキー男で、山本と同じように国家に対する忠節をもっとも大事にする長官だった。

キンメルは日本の奇襲攻撃を阻止するために航空哨戒《しょうかい》をハワイ全域に拡大し、B17爆撃機一八〇機の配備が必要と海軍省に上申していた。しかし、海軍部内の関心はまだまだ薄く、具体的な準備はなにもなされていなかった。

その理由は恐ろしいほどの日本軽視だった。

H・キンメル大将

日本人は出っ歯で、角ぶちの眼鏡をかけ、勤勉ではあるが融通性はなく、創造力にも乏しく、単なる物まねの小男という評価だった。

空母に飛行機を搭載し、日本から五〇〇〇キロ以上離れたハワイ近海から発進させ、真珠湾を爆撃するなどありえない存在だった。

「日本は張り子のトラで、その軍備は脆弱《ぜいじゃく》、飛行機は雑種のおんぼろの寄せ集めで、艦艇はトップヘビーで性能が悪く、また日本経済は原材料が不足し、破産寸前である。だから大戦争となった場合、そのもろさのために、日本帝国は、れんが壁に投げ付けられた茶碗のように、粉々に砕け散るであろう。日本の木と紙でつくられた各都市は、爆撃機にとっては、またとない好目標である」

と米軍の将官は見ていた。

そういわれても仕方がない部分もあるにはあったが、既に日中戦争で活躍していた零戦の性能などは、まったく知らずにいたのである。いうなれば、日本はバカにされていたのである。

だから現実の真珠湾に日本海軍の特殊潜航艇が侵入しても、さほどの注意は払われなかったのだ。

特殊潜航艇

連合艦隊司令部は万が一を考えて、潜水艦で特殊潜航艇を運んでいた。特殊潜航艇は、南雲機動部隊の爆撃までに真珠湾内に侵入しなければならなかった。しかし潜航艇はどれもこれも性能が悪く、酒巻少尉の艇は満足に走れず、とても湾内までたどり着けなかった。

広尾少尉の艇と思われる潜航艇は、湾口の防潜網を突破しようとしてアメリカの駆逐艦「ワード」に発見され、爆雷投下で撃沈された。

本来、この撃沈は緊急事態の大事件のはずだった。

どこからなんの目的で、どこの国の潜航艇が真珠湾に侵入したのか、ハワイの海軍上層部が至急調査しなければならないはずだった。しかし報告を受け取った人物はことの重要性を見落とし、ささいな事故として扱った。

これは信じがたいミスだった。

日曜日のせいだったかもしれない。

しかし、それだけではなかった。

淵田中佐率いる第一次攻撃隊の飛行機が、オアフ島のカフク岬の近くにある陸軍のレーダーに捕捉されていた。

距離はオアフ島から二一八キロの地点だった。

これを米本土から飛来する予定のB17だと思い込み、またしても注意が払われなかった。

幾つかの幸運が重なって南雲機動部隊の奇襲は成功したのだった。

そのほかにもまだミスがあった。

午前六時四十分、駆逐艦「ワード」が打った電報はキンメル提督にも届いた。提督はまだひげも剃らず、朝食もとっていなかった。

よく潜水艦に関する誤報があったので、キンメル自身、さほど気にもとめなかった。

それよりも八時に約束していたショート陸軍中将とのゴルフのことが気になっていた。

そこに日本海軍機が突入してきた。

茫然自失

急降下爆撃機が爆弾を投下し、雷撃機が魚雷を撃ち込み、もの凄い轟音が真珠湾に広がった。キンメル提督は高台にある官舎の庭で自分の目を疑った。

戦艦「ウエストバージニア」は魚雷を受けて巨大な水柱をあげて傾き、もう真珠湾は修羅場であった。キンメル付きの運転手であるネベルが猛スピードでやってきて、

「日本軍の爆撃だッ」

と叫んだ。キンメルは車に飛び乗った。潜水艦部隊の指揮官ドービン大佐が走って来てステップに足をかけ、そのまま二人は午前八時五分に太平洋艦隊司令部に到着した。

「敵戦艦群を雷撃す、効果甚大」

と村田少佐が旗艦「赤城」に打電した、まさにその時だった。

キンメル長官が車から降りた時、攻撃機の轟音が真珠湾全体に響きわたり、辺り一帯は地獄さながらの様相だった。黒煙は天まであがり、戦艦「アリゾナ」はすでに最悪の悲劇に見舞われていた。

「アリゾナ」には魚雷のほか八発の爆弾が命中し、断末魔の苦しみにあえいでいた。生き残った水兵は倒れるまで焼けただれた砲を撃ち続けた。

撃沈された「アリゾナ」の乗員一四一一人のうち、生き残ったのは二〇〇人にも満たなかった。

キンメル提督が築き上げてきたすべての栄光は、こうして完全に失われた。

キンメルはなす術もなく茫然と立ち尽くすだけだった。

米国太平洋艦隊は一瞬にして瓦解《がかい》した。

キンメル提督は衝撃のあまり言葉を失っていた。

ハワイの米海軍の壊滅であり、自分はこの責任を負って海軍を辞めなければならないことは明らかだった。

プランゲによると、当時のアメリカ海軍はまだ小海軍であり、だれもがだれもを知っている隣人付き合いの社会であった。

ある水兵がある艦に勤務すると、二、三十年後に退職するまでその艦に勤めるのが普通だった。士官同士はアナポリスの海軍兵学校のクラスやお互いの助け合い、そして海軍軍人の家族間での結婚などによって強く結ばれていた。

キンメル提督夫人はある将官の娘であり、また夫人の兄も将官であった。

キンメルは真珠湾にいた多くのアメリカ将兵の顔や名前を知っており、個人的な友人も少なくなかった。

上は経験豊かな指揮官たちから、下は新兵に至るまで、彼等のすべてはキンメルの部下であり、彼が責任をもって預かっていたアメリカ国民であった。

キンメルは絶望感に襲われていた。

「ひとりでも多くの部下を助けなければならない」

キンメルは我に返って、救助活動を陣頭指揮するとともに、日本軍の第三次攻撃に備えて対空砲火の強化を指示したが、正直なところすべてが崩壊し、もはやどうすることもできない状態だった。

完敗だった。

日本憎し

米国民の対日感情は、たちまち憎悪と化した。

アメリカ人の多くは「東洋の黄色人種《おうしょくじんしゅ》」と日本人を見て、なかば軽蔑《けいべつ》していた。その日本に完膚《かんぷ》なきまでにやられたのだ。アメリカ人の自尊心は根元からへし折られた。

坂西志保《さかにししほ》はこのとき米国議会図書館東洋部長だった。

十二月七日の日曜日は、晴れた美しい日だった。友人たちと昼食をともにして、三時十五分に家に帰った。

電話がけたたましく鳴っている。「お気の毒に」と家に来ていた友人がいったが、坂西はなにがなんだか分からなかった。

「日本が真珠湾を攻撃したのよ」

といわれて初めてことの重大さを知り、愕然《がくぜん》となった。ラジオをつけると三時のニュースで大統領が陸海軍両長官、国務長官らを招集して、協議を開いたと報じた。四時頃、司法省が訓令をだして、日本人は自分の住まいにいるようにと放送した。日本人と見て、暴力を振るう人がいないとも限らないということだった。

それから間もなく玄関から五人の大男が入ってきた。鍵をかけるのを忘れていたせいだった。FBI（連邦捜査局）の男たちだった。

窓のカーテンを閉めた車に乗せられ、下町の古い建物の前で降ろされ、薄暗い部屋で三時間も尋問された。

「海軍の大角《おおすみ》（岑生《みねお》）大将が訪米中、議会図書館を訪問し、東洋部に立ち寄った。何のためか」

「日本から購入した書籍はどのようなものか」

など下らない質問ばかりだった。これで自宅に帰れると思ったら大間違いだった。列車を乗り継いで大西洋岸にある、あまりきれいではない町に連れてこられた。

囚人自動車に乗せられて、つぶれかけた煉瓦《れんが》の建物に収容された。屋根は半分落ち、窓ガラスもなかった。坂西は外の世界から完全に隔離された。

在米の日本人新聞記者も全員拘束された。

『毎日新聞』の特派員・高田市太郎は、ホワイトハウス周辺で取材を続け、東京に打電したが、届いたのは「日米開戦」という一報だけで、あとは検閲の網に引っかかり日本へは届かず、夕方までにはワシントン駐在の日本人記者は全員拘束された。

三菱商事ニューヨーク支店長・益田昇二も捜査官に「ホールドアップ」を命ぜられ、裁判に掛けられた。

空襲で転覆した戦艦「オクラホマ」。艦内に残された乗員の救出作業中である

「お前は軍需品を日本へ送ったな」

「野村大使のところによく行っていたな」

など質問攻めにあった。

「こちらは商売をしているんだ。それがなんで悪いッ」

とやりあったが、キャンプに移され収容された。

ハワイの日系二世もみな隔離された。財産も没収された。

ニミッツの感慨

ハワイのキンメル提督は解任され、後任の米太平洋艦隊司令長官に任命されたのが、チェスター・W・ニミッツだった。

ニミッツはテキサス生まれの海軍軍人で、思いやりが深く、信望の厚い人物だった。来日の経歴が二度あり、最初は海軍兵学校を卒業して少尉候補生として軍艦「オハイオ」に乗り組み遠洋航海したとき、東京に立ち寄った。

ニミッツは士官候補生を代表して、日露戦争から帰還した日本陸海軍の凱旋園遊会に出席し、旅順で分捕ったロシアのシャンパンをご馳走になり、東郷平八郎提督と歓談することができた。

「提督は英国海軍の学校で勉強されたので、英語は上手であった」

とニミッツは『ニミッツの太平洋海戦史』（C・W・ニミッツ／E・B・ポッター著、実松譲／冨永謙吾訳、恒文社）に記述している。

二回目は昭和九年の夏だった。

このときニミッツは、アジア艦隊司令長官アップハム提督の旗艦「オーガスタ」の艦長で、「オーガスタ」の儀仗《ぎじよう》隊とともに東郷元帥の国葬に参列した。

その日本との戦争である。

国際通の東郷元帥が存命されていれば、今度のような無駄な戦いは起こさなかったに違いない。ニミッツにはそう思えた。

戦後のことだが、ニミッツは東郷元帥が乗った戦艦「三笠《みかさ》」の保存にも協力し、二万円を寄付していた。アメリカ海軍きっての日本通が、米太平洋艦隊の司令長官に就任した。

日本にとっては、もっとも怖い人物が連合艦隊の前に立ちはだかったといえた。

ハワイに赴任したニミッツは、太平洋艦隊のあまりのお粗末さに驚いた。

わずかな潜水艦を除いて満足に動ける軍艦はなかった。

あるものは混乱と極度の士気の停滞だった。劣等国とさげすんでいた日本に、こてんぱんにやられた衝撃は大きかった。

しかしニミッツは、そう思わなかった。日本は決して劣等国ではない。とくに海軍は世界有数の強国であり、それは東郷元帥以来の歴史と伝統に裏打ちされたものだった。

日本本土から五五〇〇キロも離れたハワイへの奇襲攻撃は驚異だった。現に『ルイストン・イブニング・ジャーナル』のような論評もあった。

「小さな日本が強大なアメリカに対して攻撃をかけること自体、根本的には狂気の沙汰であったかもしれないが、ひとたびそのことを決すると、攻撃はすばらしいやり方で実行された。最初に敵の心臓部に対して大胆に攻撃を加えるやり方は、軍事作戦の最高の伝統にかなうものである」

これはもう称賛の記事だった。アメリカには表現の自由があった。『トラトラトラ』を書いたプランゲも真珠湾攻撃を「目的、攻撃、単純性、指揮の統一、行動、大攻撃力、兵力の節用、奇襲、機密保持」の九点から見て、二つを除いて合格だったと述べた。

問題点のひとつは石油タンク、機械修理工場が残ったことである。

二つ目はすぐに帰投したことである。もし日本の空母部隊がハワイ沖に居座れば、真珠湾は完全に廃墟と化していたはずだった。なぜ日本の機動部隊が引き上げてしまったのかは不可解だ。プランゲはこう指摘した。

アメリカ海軍にとっては、これ以上の幸運はなかった。

南雲長官に感謝したいぐらいだったとニミッツは思った。

またニミッツはこの本のなかで「あのとき日本が侵略行動にでる可能性が高かったが、その目標はフィリピンまたはマレーに向けられると見ており、ハワイのキンメル提督には重要な情報はなにも与えられていなかった」と書き、キンメルを擁護した。

いかにもニミッツらしい思いやりの表現だった。

繰り返しになるが、日本軍による攻撃の朝、米海軍の多数の士官は交替の準備をしていた。

真珠湾の攻撃に向かった日本の潜航艇が撃沈されたが、のどかな日曜日の朝にかき消された。日本軍の主攻撃目標は湾内中央にあるフォード島の東側に停泊していた戦艦群であった。日本軍のパイロットは感銘するほどの敏速さで、魚雷攻撃、水平爆撃、急降下爆撃を行なった。

損害の大部分は第一波攻撃によるものだった。

第二波攻撃は十分な警戒態勢をとっていたので、日本側の損害も大きかった。しかし「アリゾナ」には数個の魚雷と爆弾が命中し、一個は前部の弾薬庫で爆発して急速に沈没。一挙に一〇〇〇人以上の犠牲者を出してしまった。

戦艦「メリーランド」の外側にいた戦艦「オクラホマ」は三本の魚雷を受け、すぐ転覆した。戦艦「ウエストバージニア」は最初の攻撃で魚雷を受けたが、速やかな排水作業で転覆を免れた。

飛行場も空襲を受け、海軍は八〇機、陸軍は二三一機を失った。

人員の損害は合計三六八一人にのぼり、うち戦死者は海軍と海兵隊が二一一二人、陸軍が二二二人だった。

ニミッツはこう総括した。

「失った二隻の戦艦はあまりにも速力が遅く、旧式のものだった。日本軍の攻撃は艦船のみに集中し、機械工場を無視した。燃料タンクにも手を付けなかった。燃料タンクには四五〇万バレルの重油が入っており、これはおおいに助かった。この燃料がなかったならば、艦隊は数ヵ月、活動はできなかった。加えて空母はまったく無傷だった。『サラトガ』は米国西海岸にいたし、『エンタープライズ』は真珠湾の帰路にあり、『レキシントン』はミッドウェーに飛行機を輸送中だった。これで米海軍はほっと胸をなでおろした」（前掲書）

日本国民は大いにわいたが、山本がうかぬ表情だった理由がここにあった。

しかし、南雲にはその意識は薄かった。

米国の反撃

真珠湾でプライドをへし折られた米国人は、山本司令長官にひとあわ吹かせてやるという、いかにもヤンキーらしい反撃策をひそかに練っていた。

それは日本の首都東京への爆撃だった。

真珠湾攻撃の恨みを晴らすため直接、東京を空爆し、日本人を恐怖のどん底に陥れる作戦だった。

南雲機動部隊が太平洋の防衛に当たらず、南太平洋、そしてインド洋に出撃したため、その間隙をつく奇襲作戦だった。

山本は、太平洋は安泰と考えていた。ハワイは壊滅状態である。とても太平洋艦隊は動けないと判断、南雲機動部隊を年が明けると南太平洋に出撃させた。

南雲機動部隊は一月二十三日にはラバウルを空爆し、二月十五日にはパラオからモルッカ海峡に向かい、豪州北端の港、ポートダーウィンを攻撃した。

飛行機撃墜八、炎上大破一五、駆逐艦二隻、特務艦八隻や石油タンクを破壊したが、小競り合い程度の戦闘に終わった。

二月はジャワ島近くを警戒し、三月はジャワ島の基地チラチャップを空襲した。

それからインド洋で敵駆逐艦を発見し、江草少佐率いる急降下爆撃機が瞬時に二隻を撃沈した。

四月五日には、セイロン島南東海面で行動中の戦艦「榛名《はるな》」の索敵機から「敵空母発見」の電報が入った。待望の空母である。

南雲機動部隊に生気がみなぎった。

艦上爆撃機八五機、零戦八機が飛び立ち、二時間後に英国の空母「ハーミス」を発見。

「翔鶴《しようかく》」隊、「瑞鶴《ずいかく》」隊の爆撃機が高度四〇〇〇メートルから急降下し、二五〇キロ爆弾を飛行甲板に投下すると、「ハーミス」はたちまち猛火に包まれて沈没した。

もう一隻、空母がいるという情報があったため「蒼龍」飛行隊が、付近を捜したが見つからなかった。そこを敵の戦闘機スピットファイア九機に襲われ、真珠湾以来の精鋭四機を失う失態を演じた。

それから十日ほどたった頃である。衝撃的なニュースが飛び込んできた。米空母の本土接近である。

ドーリトル空襲

日本の本土防衛は信じがたいほど手薄だった。

ハワイの米空母は手付かずだったので、もっと真剣に守るべきだったが、空母単独で攻めてくるはずはないという先入観にとらわれ、太平洋を警戒する航空兵力の配備はほとんどなかった。

太平洋の哨戒は、漁船を武装した特設監視艇を主力とする八〇隻からなる第二十二戦隊が担当していた。これと合わせて木更津と南鳥島から哨戒機が飛び、状況によっては横須賀鎮守府部隊の哨戒機が発進することになっていた。

四月十五日、哨戒線の特設監視艇から「米空母発見」の知らせがあった。

本土までの距離はおよそ六〇〇カイリ（約一一〇〇キロ）である。米空母に搭載の飛行機の行動半径は二五〇カイリ（約四六〇キロ）である。これでは燃料がもたない。

「攻撃してはこないだろう」

山本は悠然とかまえていた。

連合艦隊司令部では、これに異論を唱える人もいなかった。

山本は念のため南雲機動部隊に、敵に向かうよう命令を伝達した。

南雲機動部隊に「米空母接近」の連絡が入ったのは、インド洋から帰る途中のことだった。部隊は台湾のバシー海峡に差し掛かっていた。

「淵田君を呼びたまえ」

と南雲がいった。

淵田が作戦室に入ると南雲長官、草鹿参謀長、大石首席参謀、源田航空参謀が緊張した面持ちで海図を見つめていた。

「南方で遊んでいる場合じゃなかったのだ。ここから敵までの距離はどのくらいあるのか」

と南雲がいった。

「約二〇〇〇カイリ。三日、あるいは四日かかります」

と草鹿が答えた。

「奴等は何をするつもりだ」

と南雲が聞いた。

「よく分かりません。日本本土を空爆しても、飛行機は空母には戻れません」

「そうなるな」

南雲は首をかしげた。

「距離が遠すぎて、どうにもなりませんが、とにかく迎撃の準備だけははじめましょう」

と淵田がいい、飛行機を格納庫から出して飛行甲板に並べた。

万が一、本土が空爆されたら、山本長官の面子《メンツ》が丸つぶれである。ひとり山本長官にとどまらず、連合艦隊全体に大きく響く問題である。

南雲は口をへの字に結んで前方を見つめた。ただ米空母と日本本土との距離はあまりにも遠く、本土を爆撃するには、まだまだ時間がかかると思われた。

この時、連合艦隊司令部に敵艦隊から攻撃機が飛んだという情報が入った。山県正郷少将指揮下の第二十六航空戦隊の陸上攻撃機三二機が、零戦一二機に守られて木更津から飛んだが、敵機は途中で反転したため、遭遇はしなかった。

「まあ、様子を見よう」

山本は、これで本土空爆はないと判断した。

大胆不敵

事態はまったく予想を覆すものだった。

米爆撃機は低空で東京湾に入り、首都東京に爆弾を投下。さらに川崎、横須賀も空襲し、名古屋、四日市、神戸も爆撃した。

南雲機動部隊が南方作戦とインド洋作戦を展開している最中に、東京という日本の本丸が爆撃されたのだ。

宮中に爆弾が投下されれば、皇室にも被害がでよう。これはあってはならないことだった。

午後一時、南雲機動部隊に東京空襲の電報が入った。信じられぬことだった。

「なんだってッ」

南雲は驚きの声をあげた。大胆にも太平洋上から米陸軍の長距離爆撃機B25を日本本土に向けて飛ばし、東京周辺に爆弾を投下。爆撃機はそのまま日本列島を横断し、中国に退避するという作戦と知ったのは、それからしばらく後だった。

もっとも強い衝撃を受けたのは山本長官だった。

真珠湾攻撃の大成功を吹き飛ばす大失態を犯したと、山本は自分を責めた。

この奇襲攻撃は、連合艦隊司令部には考えもつかない大冒険物語だった。

次第に攻撃隊の全貌が明らかになった。これは艦載機ではなく、まったく特殊な別の飛行隊による爆撃と分かったのである。

足摺岬《あしずり》の南方にソ連船が航行していることも分かった。不時着した飛行機の搭乗員を救出するためではないかと考えられた。

情けないことに、日本軍はただの一機も本土上空で撃墜することができなかった。上空警戒はしていたのだが、敵機は超低空から侵入したため、まったく捕捉することができなかった。

「あっぱれというしかないな」

淵田がつぶやいた。

夜になって、中国の南昌方面の陸軍部隊から「米軍機数機が不時着した」と連絡が入った。

米軍機は日本を越えて中国に着陸したのだ。南雲機動部隊にとっては、ますます驚きだった。

「こんなところで油を売っているから、こんなことになるんだ」

淵田は上層部を批判した。

「GFは何をしていたのだ」

搭乗員たちは連合艦隊司令部の無警戒ぶりに腹をたてた。

GFとは連合艦隊“Grand Fleet”の略である。

南雲機動部隊の間に、連合艦隊司令部に対する不信感がさらに強まった。

連合艦隊司令部と現場との間には、数々の溝ができていた。

南雲機動部隊の幹部たちは、もともとインド洋作戦には興味を示さなかった。南雲機動部隊の敵はイギリス海軍ではなく、あくまでもアメリカ海軍だった。これは戦った者同士が持つ強いライバル意識だった。南雲機動部隊にとってイギリス艦隊は相手にとって不足ありで、ただダラダラと戦闘を重ねているに過ぎなかった。

南雲の考えは機動部隊をインド洋に向かわせるのではなく、太平洋方面に配置すべしというものだった。それをしなかったために、東京空襲を招いてしまったといえた。

アメリカ海軍は無傷の空母を持っている。それを使って自分たちのハワイ攻撃と同じような東京空襲を敢行したのだ。このまま放っておいては太平洋を奪われてしまう。

「あのばかめ、なにを考えていたんだッ」

批判は山本ではなく、もっぱら首席参謀の黒島に向けられた。

それは暗に山本長官に対する批判でもあった。

太平洋の旭日

南雲は今度の南太平洋、インド洋作戦も、正しく評価されていないのではないかと不満に思っていた。

まともな休養もないのだ。乗組員が可哀相だった。これでまた新たな作戦に出ろというのか。

「参謀長、どうかね」

南雲が本音を漏らした。

「まったくおっしゃる通りです。ハワイで頑張ったのです、休暇ぐらい欲しかったですよ。休養もなしに、こうして戦っている。GFは海のことがわかっていない。我々を便利屋として使っている。またおそらくすぐに、出撃ですよ」

草鹿も憤慨した。

戦後のことになるが、草鹿は回想録『連合艦隊の栄光と終焉』（行政通信社）を書いたとき、アメリカの著名な歴史家、ハーバード大学教授サミュエル・E・モリソンの作品『太平洋の旭日』から次の文章を引用し、溜飲《りゅういん》を下げていた。

「南雲中将が彼の業績に誇りを感ずるのは、もっともであった。彼はハワイ島からセイロン島にわたって経度差にして百二十度、すなわち世界一周の三分の一に相当する遠距離を馳駆《ちく》して作戦をやってきた。

その間、真珠湾を皮きりに、ラバウル、ラエ、サラモア、マダン、アンボン、ポートダーウィン、ジャワ島南方海上、コロンボ及びトリンコマリなどの各地において、あるいは艦船を、あるいは陸上施設に攻撃を敢行した。

これらの作戦において、彼は戦艦五隻、航空母艦一隻、巡洋艦二隻及び駆逐艦七隻を撃沈したほか、他の数隻の主力艦に損傷を与え、さらに莫大なるトン数にのぼる海軍補助艦艇や商船を片づけるという輝かしい戦果をあげたのである。

さらに数百の連合国軍飛行機や幾多の重要陸上施設は彼の手によって壊滅されてしまった。しかるに彼の配下の機動部隊は、連合国との交戦では一隻の沈没も一隻の損傷さえも蒙《こうむ》らなかったのである。真にこの部隊こそ神出鬼没で、決して効果的な反撃を受けたことがなかった」

なるほど考えてみれば、そうだったのだ。

この程度の戦果は当たり前と見られてしまったところに、南雲機動部隊の悲劇もあった。安易な形でミッドウェーに出撃を命ぜられたからである。

「これは決して自画自賛ではない。米軍側から見た偽りのない観測だった」

草鹿はこうコメントし、南雲を称えた。

米国の威信

ドゥーリトルの日本本土への爆撃は、米国の威信をかけた仇討ちだった。

飛行隊の指揮官は米海軍ではなく、陸軍のドゥーリトル中佐だった。

米軍はこの奇襲攻撃に確信をもっていたわけではなかった。成功すれば、完全に日本の裏をかくことができるが、失敗も大いにありえた。

なにせ日本本土まで五〇〇カイリ（約九三〇キロ）の洋上の空母からB25を発進させ、翌日の昼間に中国の国民党軍支配下の飛行場に着陸させる危険な飛行である。成功するかどうかは運次第だった。

案の定、空母が日本軍の特設監視艇に予定より早く発見されたために、急遽、東京の東六四〇カイリ（約一二〇〇キロ）から発進せざるを得なくなった。このため中支飛行場到着が夜間になり、B25の大部分が不時着して、搭乗員の一部は日本軍の捕虜になった。

だが米国民はこの冒険に拍手を送った。

「やったぜッ」

と米国民の士気は高まった。

「空母を叩かねばならぬ」

山本は机を叩いた。

こんなに早く本土を空爆されるとは夢にも思わぬことだった。この戦法を使えば、第二、第三の本土空襲がある。宮城が爆撃されることもあろう。

となれば、日本国民の士気はガタ落ちになる。

山本はひどく焦った。

山本は心理的なトリックに引っかかったともいえた。

源平の合戦のように水鳥の羽音に驚き、あわててしまった。

アメリカのノンフィクション作家ジョン・トーランドは『大日本帝国の興亡』（ハヤカワ文庫）のなかで山本の心理をそのように分析した。

トーランドは「爆撃それ自体は、物理的な損害に関する限りは失敗だった」と指摘し、にもかかわらず、大本営が過剰に反応し、山本が反対論を抑えてミッドウェー攻撃を決めたといった。

これは大いにありえることだった。

こうした場合、どこかで手抜かりが起こるものである。

「ミッドウェーを攻略しない限り再び本土空爆がありえる」

山本はそう考え、海軍の面子にかけて無理な作戦を立案することになる。

心理作戦は米軍の方が上手だった。

一方、南雲機動部隊には疲労が蓄積し、動きが鈍くなっていた。

それを見抜けず山本は強引に走った。

米軍は巧妙な罠を山本に仕掛けたといえた。

第四章　ミッドウェー海戦

本末顚倒

南雲機動部隊が内地に帰還したとき、既にミッドウェー作戦が決まっていた。

二度と東京を空爆させないためには、ハワイと日本の中間にあるミッドウェー島の米軍航空基地を叩きつぶし、この海域にハワイの太平洋艦隊をおびき寄せ、日米の空母決戦を行ない、これも壊滅させるという一大作戦だった。

ミッドウェーだけでは足りない。この際、アリューシャン列島南端のアッツ、キスカも攻略するという欲ばった作戦でもあった。

山本は連合艦隊を根こそぎ動員し、なにがなんでも勝利するともくろんだ。

山本は南雲機動部隊が東シナ海に入ったところで、航空参謀の源田中佐に帰国を命じた。源田は沖縄経由の飛行機で一足早く日本に戻り、連合艦隊の旗艦「大和《やまと》」に出頭した。

作戦参謀の三和義勇大佐が、六月にミッドウェー作戦を行なうと源田に告げた。源田は驚

いて、

「それは無理です」

と答えた。

「山本長官は了承ずみだ」

と三和大佐が返した。黙って二人のやり取りを聞いていた山本が、

「やってくれ」

と源田にいった。困ったと源田は思った。しかし山本にいわれたら受けるしかない。

「分かりました」

と源田は答えた。

ミッドウェー作戦には「赤城」「加賀」「飛龍」「蒼龍」の四空母のほかに、戦艦二、巡洋艦三、駆逐艦一二が参戦、アリューシャンには角田覚治《かくたかくじ》少将指揮の第二機動部隊をあてるとのことだった。ここには「龍驤《りゅうじょう》」「隼鷹《じゅんよう》」の二空母が参戦するという。

アリューシャン作戦は、多分に米太平洋艦隊の目をそらすための囮《おとり》だった。

「私も戦闘に加わる」

と山本がいった。本当かいなと源田は山本を見つめた。だが山本は南雲機動部隊のはるか後方に位置し、戦闘に直接加わるものではなかった。

山本が乗る戦艦「大和」の周辺には戦艦六、巡洋艦二、駆逐艦二一が配備され、さらに警戒部隊、潜水艦部隊、各種補助艦艇が加わるというのだから大名行列のようなものだった。

作戦参加の総艦艇は約三五〇隻、将兵一五万人を数える大出撃というのである。

「それはどうかな」

と源田は思った。燃料の備蓄もあまりないのにひどい無駄使いに思えた。

南雲仰天

南雲機動部隊は四月二十二日から二十三日にかけて、各々の母港に入港し、帰国の喜びに浸った。しかし、それも束《つか》の間にミッドウェー作戦と聞いて、全員が仰天した。

早すぎると皆が思った。

源田から報告を受けた南雲は渋い表情で、押し黙った。

明らかに不服の様子である。

「ううん」

と南雲がうなった。

二兎追う者は一兎をも得ず、ではないか。ミッドウェーとアリューシャン作戦を同時に行なうことは、この格言にあてはまりそうな話だった。

「皆、疲れておる」

南雲がつぶやいた。

「草鹿君、君はどう考えるかね」

南雲が聞いた。

「われわれは開戦以来、東奔西走、まさに田舎武士ですよ。もはや目先のことしか見えなくなっています。しかしですよ、ミッドウェー攻略は、異議ありですよ。我々に何の相談もなしに、こんな重大なことを決めるなんて、まったくおかしいではありませんか」

「まあ、その通りだな」

「長官、あのばかな黒島の作戦ですよ。山本長官も目を覚まさないと。今度の作戦は危険が多すぎます」

参謀長からそういわれると、南雲は言葉につまった。しかし軍隊ではいったん決まったことを覆すことは不可能である。

「飛行機も真珠湾で一割を失っておるからなあ」

南雲はつぶやいた。

村田重治や江草隆繁少佐の話を聞くと、内地から送られてくる若い搭乗員の技量はひどく落ちているという。訓練が行き届いていないのだ。本来なら村田や江草らが空母を降りて指導教官になるべきだった。貴重な人材を消耗品として扱ってはならない。

南雲は沈鬱《ちんうつ》だった。

たしかに飛行隊は皆、疲労困憊《こんぱい》していた。しかも飛行隊は少し訓練を休むと、すぐに技量が落ちる。あの強気の山口多聞《たもん》司令官も、

「一ヵ月早い」

と眉をひそめた。飛行隊の訓練が間にあわないためだった。

しかし、決まった以上はやるしかない。いまなら日本海軍飛行隊の実力は米軍をはるかに上回っている。そう簡単に負けることはあるまいと、源田は思った。

草鹿参謀長の回想録を読むと、ミッドウェー作戦はどう見ても無理のある計画だったと、山本を批判している。回想録は戦後、書いたものであり、しかも草鹿は惨敗の責任をとる立場だったので、自己弁護の意味合いも含まれていたと思われる。もし勝っていれば、「山本の作戦は的を射ていた」となるわけで、回想録もあてにならない部分がある。

源田の出番

南雲機動部隊の航空作戦は、今回も源田と淵田にまかされた。

源田も多分にカリスマ性を持っていた。戦後、航空自衛隊に入り、自らジェット戦闘機を操り、航空幕僚長を務め、さらに参議院議員を四期も務めたことからも、それは十分にうかがえた。

南雲も源田のいうことは、「うん、よかろう」となんでも決裁した。

こと航空になると、草鹿もほとんど口をださず黙っていた。大石首席参謀は航海専攻の人で、航空は素人だった。このため源田参謀のいうことは、すべて通っていた。

この実態を山本も知っていた。各人の経歴を見れば一目瞭然だからである。となれば、ブレーキをかけたり、より慎重さを求めるために、本来もう一人、航空に詳しい人物を「赤城」に乗せるべきだった。それは山口多聞司令官である。

草鹿ではなく山口を参謀長にすべきだったのだが、南雲と山口は仲が悪い。山口が何度も食ってかかっている。だから一緒にはしにくい部分があった。

もっとも南雲、草鹿のコンビでハワイ攻撃を成功させたのだから、変えることはできない。結局はすべてを源田に賭けたミッドウェー作戦となった。

強気の源田だが、今回はいささか不安があった。

それは皆がいうように、訓練時間がないことだった。

源田の航空戦略の基本は「大編隊群の同時協同攻撃法」である。

これは各種の攻撃を同時に行なうもので、水平爆撃隊が高度三〇〇〇メートルないし四〇〇〇メートルの水平爆撃を行なうと同時に、急降下爆撃に入り、敵が二つの攻撃に大混乱している最中に両サイドから魚雷を発射するという方法である。

この間、制空隊が上空を警戒し、敵戦闘機が来襲すれば、撃退する役目をになう。ハワイ攻撃ではこれが完璧に行なわれた。

今度は動いている空母に対する攻撃である。ハワイとは違った作戦になる。敵の戦闘機も出てこよう。空中戦もさけられない。

これが現実に効果をあげるには、あらゆる事態に対応する訓練が不可欠だった。その訓練なしで戦いに踏み切ることになる。

「淵よ、お前に賭けるしかないな」

源田は飛行隊長の淵田美津雄にいった。

「おい、おい、おれの責任かい」

淵田が苦笑いした。

戦況分析

源田はすぐにミッドウェー島の戦力データを集めた。
ミッドウェーの米軍の航空兵力は、
哨戒飛行艇　約二四機
陸軍爆撃機　約一二機
戦闘機　　約二〇機
で、こちらの動きを摑めば当然、増強してくると思われた。
米空母は「レンジャー」が大西洋方面にでており、太平洋には「エンタープライズ」「ホーネット」がいると思われた。真珠湾攻撃の時、せめてどちらかを沈めておけば、安心してミッドウェー作戦に臨めたのだが、敵は雪辱に燃えており、今度は激しい戦いになることは必至だった。
一方、ハワイはどうかというと、航空兵力は、
飛行艇　約六〇機
爆撃機　約一〇〇機
戦闘機　約二〇〇機

が確認され、艦船は空母二隻、戦艦二隻、重巡四ないし五隻、軽巡三ないし四隻、駆逐艦約三〇隻、潜水艦約二五隻が在泊していると想定された。

ほかに改造空母が二ないし三隻あったが、実戦には無理と判断された。

これに対して日本の連合艦隊は空母四隻、小型空母二隻、戦艦七隻、重巡一一隻、軽巡三隻、駆逐艦約五〇隻、潜水艦約一五隻、陸上攻撃機約二〇〇〇機で、数の上でも練度の上でも日本が有利だった。

「順当にいけば、勝利は間違いない」

と源田は思った。しかし内心、多くの不安があった。

ひとつは戦闘隊形である。空母部隊が先航し、山本が乗る戦艦「大和」を旗艦とする主力部隊が三〇〇カイリ（約五六〇キロ）後方に位置するという隊形に疑問を感じた。

戦場では敵に位置が知られるため無線は使えなくなる。

「大和」は連合艦隊随一の電波探知能力を持っているのだが、その機能が使えなくなるのは大きな痛手だった。

「大和」が柱島にいれば、自由に無線が使える。なまじっか戦場にいると、せっかくの無線を封鎖しなければならない。

「山本長官は柱島にいた方がいいのだがなあ」

源田はつぶやいた。

「山本さんの大名行列だよ」

搭乗員たちは口々に皮肉った。

飛行隊長の淵田が南雲のところにきて、

「長官、おかしな話ですよ。無線が使えなければ、我々はどうなりますか。性能の劣る空母の無線だけでは、危ないですよ」

といった。

「うん、分かっておる。しかし如何《いかん》ともしがたい」

南雲は困った顔をした。機動部隊の長官といえば、世間では偉い人で通っていたが、何ひとつ権限はなかった。将棋の駒のように、勝手に動かされている。海の上にいるので、なかなか文句もいえない。南雲の苛立ちはつのった。

二つ目の不安は情報の漏洩《ろうえい》である。今回の作戦は公然の秘密になっており、乗員の家族までが知っていた。

すべてアメリカに筒抜けになっていると見なければならない。

日本海軍全体がハワイ攻撃の成功で浮かれており、南太平洋やインド洋でも連戦連勝だったので、将兵は上から下まで、負けることはあるまいという安易な気持ちでいた。

「あぶないね」

淵田も気になる様子だった。

源田の心配事はもっとある。アリューシャン攻撃を同時に行なうことである。これはアメリカとソ連の連携を断ち切る作戦である。青森県の大湊《おおみなと》から攻撃部隊をだし、ダッチハーバーを空襲し、キスカ島とアッツ島を陸軍部隊が占領するという。

こんなに手を広げていいのだろうか。心臓の強さでは人に負けない源田も、整理できずにいた。

「長官、これはやり過ぎです」

源田にいわれ、南雲は顔をゆがめた。

遺書を書く

少し前のことである。

第三航空戦隊司令官から青島《チンタオ》方面特別根拠地隊司令官に転出した桑原虎雄少将が、山本長官に挨拶に行った。

桑原は寺内正毅《まさたけ》元帥の甥《おい》で、旧制一高を中退して海軍兵学校に進んだ異色の人物である。

「まあ、すわれ」

と山本がいった。二人は親しい関係だった。

「長官、この戦争はどうなりますか」

と桑原が聞いた。

「ううん」

山本は間をおいた。

「飛行機も軍艦も続くまい。まあ、いまわが国にとって、戦争終結をはかるべき時期である。

それには、いままでに手に入れたものを全部投げ出す必要があろう。しかし中央には、とてもそれだけの腹はあるまい。結局、我々は斬り死にするほかはなかろう」

と沈鬱《ちんうつ》な表情でいった。

日本は結局、負けるのかと桑原は思った。

ならば、なぜ戦争をしてしまったのか。

日本国全体を包み込んだ熱風のようなうねりに、のみ込まれてしまったのか。

桑原は啞然として山本に見入った。

勝っているいまこそ戦争終結のタイミングと山本は考えているようだった。

ミッドウェーで完全勝利すれば、戦争終結の交渉に持ち込める、それが山本の密かな願いだった。

長岡の人、反町《そりまち》栄一の『人間山本五十六』（光和堂）に、この頃の山本の様子が描かれていた。

「時には深い淵《ふち》をみるように静かな長官の日常に、時折焦慮《しょうりょ》の色がうかがえるようになったのは、この頃である。いかにして勝つかの問題が、もっとも真剣に取り上げられ、予定の占領作戦が終了した後のことについては、その成果を基礎にして、改めて政戦両略の活用をはかるということにあった。

そのなかで米国を屈伏せしめることは至難であること、米国の外交は一本槍だが、英国は老獪《ろうかい》であり、政略的に米国を動かすであろうこと、外交政略の主目標が、英国にあろうことなどは、一つの結論であった」

反町はよく山本に会っていた。さらにいつも山本のそばにいる渉外参謀の藤井茂中佐からも話を聞いていた。

山本は戦争の行方を憂慮しており、このまま戦争を継続していっては負けるという確信を抱くに至っていた。

資源のない日本は資源大国アメリカに勝てるはずはない。

これが山本の一貫した気持ちだった。ミッドウェーで勝てば、和平交渉も可能になる。

ミッドウェー作戦は山本にとって、戦争終結を賭けた大勝負だった。

太平洋戦争が始まる前に、山本は密かに遺書も書いていた。

それを海軍次官室の金庫におさめていた。そこには海軍次官当時、三国同盟の締結に反対して右翼に命を狙われたときの心境、自分の抱く日米戦争の作戦計画などを記述し、それに現金若干が入った封筒と一緒に保管していた。そして海軍兵学校の同期生の堀悌吉《ほりていきち》元中将にその旨を知らせていた。

南雲も源田も、このことは知らなかった。

山本は黒島にまかせて、のんびり構えているわけではなかった。

山本は一人で考え込むくせがあった。ここは南雲を呼んでサシで話し合うべきだった。それがないままに、ミッドウェー作戦はどんどん進んでいった。

記者の目

昭和十七年五月二十七日、海軍記念日に南雲機動部隊の旗艦「赤城」は瀬戸内海の柱島を出港した。

南雲は、艦橋で丸い腰掛けに座って前方を凝視していた。

大艦隊であった。ハワイ攻撃の時は、全員が青ざめていたが、今回は笑顔が多く見られた。それは決してゆとりではなかった。規律のゆるみだった。水兵に至るまでアメリカを軽く見ていた。南雲の心配は日を追って強くなり、眠れなかった。「グーグー」寝ている奴がいれば、そいつの方がおかしいと南雲は思った。そのおかしい奴が増えていた。

連合艦隊の山本司令長官は、旗艦「大和」に乗って戦艦六隻、巡洋艦三隻、駆逐艦二〇隻を引き連れて二日後の二十九日に出発するということだった。

総勢一三〇余隻の大艦隊だった。

旗艦「赤城」には日本映画社の従軍カメラマン牧島貞一が乗っていた。

アメリカの空母は二隻といわれていた。それなのに、どうしてこんな大艦隊を率いて出動するのか。牧島は士官室のソファで休んでいる雷撃隊長の村田少佐に聞いてみた。

「大和以下の戦艦隊は、三〇〇カイリもあとからついてくるんだぜ。あんな役にたたねえ大砲もった奴が、空母のあとからついてきてなにができるかよ」

村田は大胆ないいかたで皮肉った。

かたわらに真珠湾の英雄、淵田美津雄中佐がいた。

「まったくだ、われわれより三〇〇カイリ先にでて、敵と交戦するなら話は分かるがね」

といった。飛行科のベテラン搭乗員たちは、実に冷めた目で山本の出撃を見ていた。

南方やインド洋に引き出され、訓練の期間がないうえ、休養も十分ではなく、ミッドウェー作戦は拙速だと語った。

「大和の参謀が、おれたちにも獲物を残しておいてくれといっていた。あいつらは戦争見物にくるらしい。戦艦でなにができるというのか」

村田は怒っていた。

牧島に不安がわいた。どこか気持ちがちぐはぐだった。

広い士官室では飛行科の士官たちが、あちこちのテーブルでトランプや将棋と賑やかで、酒を飲んでいる者もいた。向かうところ敵なし、連戦連勝の飛行隊である。飛ぶ鳥を落とす勢いだった。

哨戒圏に突入

六月二日、先航した「伊百六十八」潜水艦から「ミッドウェー警戒厳重、南西方に対して六〇〇カイリ（約一一〇〇キロ）まで飛行哨戒を行なっている」と報告があった。

やはりミッドウェーは警戒厳重だった。

連日、濃い霧である。ハワイ作戦と違って今回は濃霧に悩まされる日々だった。

やむをえず艦隊の行動を各艦艇に知らせるために、微弱の電波を使うことになった。

「南雲長官、ここは微力の電波をだしてはいかがでしょうか」

と通信参謀が許可を求めた。

「いや」とはいわない南雲である。

「うん」とうなずいてしまった。

かくて無線封鎖は破られた。

ミッドウェー島の攻略部隊約五〇〇〇人が第二水雷戦隊に護衛され、一六隻の輸送船でサイパンを出撃したのは五月二十八日である。六月四日にはミッドウェー南西六〇〇カイリで米軍の哨戒機のB17に発見され、輸送船「あけぼの丸」が爆撃を受け、一一人が戦死した。

日本海軍が動いたことがこれで明白になった。ところが後続の連合艦隊司令部の判断は、信じがたいものだった。敵に知られてかえって好都合だと、うそぶく始末である。

「これで米太平洋艦隊はハワイから出てこざるをえなくなり、今度こそ奴等を完全に叩ける」

と、連合艦隊の宇垣纒参謀長はせせら笑った。

連合艦隊にも慢心がはびこっていた。

南雲は微弱な電波を出したことを気にしていた。実際に米軍にキャッチされたかどうか、確証はとれなかったが、「ハワイ作戦に続いて、とんでもない作戦を指揮することになった」と思うと身が震えた。

南雲は神経質になっていた。敵の潜水艦が追いかけてくるような感じがして、どうも安眠できなかった。

不眠症が続くと、今度は強迫観念にとりつかれた。

潜水艦が気になって、気になって仕方がない。図体の大きい空母は潜水艦にとって格好の獲物のはずだった。駆逐艦が警戒に当たってはいたが、敵の潜水艦は性能が良く、なかなか捕捉しにくい。

飛行機も飛ばして警戒に当たらせようか。そんなことを考えていると朝になった。ついには飛行隊長の淵田を呼んで、「潜水艦に追われているようだ」と不安を口にした。

「長官はどうなってるのかね」

淵田は憂鬱だった。

五月三十日土曜日、曇後雨

風速次第に増加、海上荒れとなり、駆逐艦はもとより、巡洋艦も海水を被ること相当なり。南方停滞の低気圧、前程を横切り風速一八メートルに達す。午後より之字運動をやめ一四ノットとなす。

夕六時並陣列を縦陣列に変じ、針路も一〇〇度夜中の危険性をなくしたり、攻略軍輸送船隊の前程あるいは付近と認むべき敵潜、長文の緊急信をミッドウェーに発せり。我輸送船隊を発見し、報告せるものとせば、敵の備うるところとなり、獲物かえって多かるべきなり。

これは宇垣纒の『戦藻録《せんそうろく》』（原書房）である。宇垣参謀長は、頭から連合艦隊の勝利を信じきっていた。

科学的な根拠はどこにもない危険極まる考えだった。

連合艦隊司令部がそんな考えでいるとは露しらず、南雲機動部隊は六月四日、ミッドウェー島の哨戒圏内に入った。

敵空母なし

先航する重巡「利根《とね》」から「敵機約一〇機、二六度方向」の電報が入った。

敵は南雲機動部隊を探し回っていた。

ハワイ攻撃は奇襲だから成功した。今度は米軍が迎撃態勢を整えているなかへの突入である。南雲は顔をゆがめた。

この大事な時に淵田は盲腸炎になり、手術を受けた。もっとも信頼する淵田を欠いては万全の戦闘はできまい。南雲は不安にさいなまれた。

「源田がいるから大丈夫ですよ」

見舞った南雲に淵田がいった。しかし源田一人では手におえまい。南雲の不安は募《つの》る一方だった。

ハワイ攻撃の時は抜き足さし足だったが、今度はすべてオープンである。

慢心というか過信というか、緻密さにまったく欠けていた。

南雲は見た目には豪放の感じがしたが、ハワイ以来の連戦である。疲れがたまり、イライラしていた。

敵機発見と聞いて「赤城」から戦闘機が発進し、捜したが見つからなかった。南雲はため息をついた。

源田もまた淵田の回復を気にしていた。攻撃の時、上空から的確に判断する人がいないと、状況判断を誤る。淵田がいないことは、大変な不安材料だった。

海は依然、ひどい霧である。

「赤城」から六〇〇メートルしか離れていない隣の艦が見えない。

潜水艦を警戒してジグザグ航法で進んだ。

艦橋には南雲長官、草鹿参謀長、大石首席参謀、源田航空参謀らがつめ、皆、焦りの色を濃くしていた。

最大の問題は、敵の空母が近海にいるかどうかである。

空母がいれば攻撃目標はむろん空母である。空母がいないとすれば、予定通りミッドウェー島の航空基地を叩くことになる。そのどちらになるのかで、作戦のすべてが違ってくる。

「通信参謀、敵機動部隊出撃の兆候はないのか」

と南雲が聞いた。

「なにもありません」

「大和からはないか」

「別にありません」

通信参謀は答えた。大石首席参謀が、

「いまの状況ではミッドウェー島の攻撃かと思います」

といった。この場合、機動部隊を島に近づけるための電波を発射して艦隊の針路を変えなければならない。だが、その最中《さなか》に今度は源田が風邪で倒れた。南雲にとってダブルパンチである。

通信参謀が寝ている源田のところに飛んで行った。

「電波発射はだめだ、だめだ、打たせてはならぬ」

源田がいった。その旨を通信参謀は草鹿に伝えたが、

「敵はいない。大丈夫だろう」

という。通信参謀は慌ててもう一度、源田のところに走った。

「なんだって、ばかなことをいっているッ」

源田が飛び起きて艦橋にのぼった時、すでに電波は発射されていた。

「どうなるか、分かっているのかッ」

源田はあたり構わず怒鳴った。

南雲は顔をゆがめて、黙ったままだった。

こと水雷に関してならば、南雲も部下を怒鳴りつけることができた。しかし空母に関する

ことは一切、参謀に任せていた。その方が作戦に誤りがないという南雲なりの判断だった。だがイライラがつのり、南雲のストレスはピークに達していた。がんがん怒鳴れば、すっきりするのだが、いつも黙っていることで表情も固く、怖い印象を人に与えた。

この時の戦闘隊形は次のようになっていた。

空母四隻は各七キロの間隔で中央に位置し、周囲に第三戦隊の戦艦二隻、第八戦隊の重巡二隻のほか駆逐艦を配置した。空母を護衛するためである。

飛行機の整備、弾薬の準備、飛行隊の攻撃計画はすべて完了していた。

米機動部隊がハワイを出撃したのかどうか。それが最大の問題だった。

敵空母がいれば、ミッドウェー島などに構ってはいられない。いまは索敵を厳重にして、攻撃機を準備することだった。

重大なミス

連合艦隊の旗艦「大和」はここで重大なミスを犯していた。

ハワイの機動部隊が間違いなく出港した事を摑んでいたのである。

それは微弱な電波だったが、米太平洋艦隊の出動を伝えるものだった。

これで日米空母決戦は時間の問題となった。

日本海軍の実力をもってすれば、敵空母二隻を撃沈することは、さほど困難ではなかった。

電波を受信した山本は、自分の作戦が正しかったことに満足した。南雲も当然、この電波をキャッチしているだろうが、万が一ということもある。

「南雲に知らせてはどうか」

と山本が参謀たちにいった。

「いや、その必要はありません」

と首席参謀の黒島亀人がいった。

「大丈夫か」

山本が念を押した。

「こちらでキャッチした電波は当然、赤城でも傍受しているはずです。万全の警戒態勢をとるよう、そう指示しています」

黒島は自信をもって答えた。電波は封鎖してある。電波をだせば米海軍に「大和」の位置を教えることになる。こちらも潜水艦に襲われるのが怖い。

「そうか」

山本はそのままにしてしまった。

これが命とりになった。

ここで一言、

「念のためだ。電波をだしたまえ」

山本がいうべきだった。

本来、日本側が米空母の存在を知った時点で日米両軍は互角になったはずだ。敵空母出動となれば、南雲機動部隊の飛行隊は、百戦錬磨のベテランぞろいである。たちまち空母を見つけて、雨霰《あめあられ》と爆弾を投下し、魚雷を放つに違いなかった。

これは願ってもないチャンス到来だった。

現実は山本の危惧が的中していた。南雲機動部隊の艦艇は、ただの一隻もこの電波を傍受していなかった。連合艦隊でもっとも優れた電波探知能力をもっている艦艇が「大和」であり、ほかは性能にばらつきがあった。

南雲機動部隊の壊滅は、こうして始まった。残念無念というしかなかった。

偏愛

山本は黒島を偏愛《へんあい》していた。

山本は黒島のいうことなら「そうか」となんでも聞いた。お前にすべては任せてある、という長官としてのポーズでもあった。しかし、この場合、何度もいうが、たとえ戦艦「大和」が潜水艦から雷撃を受けようとも、山本は断固、電波をだすよう命令すべきだった。

これが山本の負い目となり、その後の作戦はすべて生彩を欠くことになる。

もし南雲機動部隊がこの事実を知っていたら、勝利は間違いなかったであろう。山本を十分に補佐しえなかった黒島の責任は、「罪万死に値す」といっても過言ではなかった。

この人はかなり変わった経歴の持ち主だった。

普通、海軍兵学校に進むには、それぞれの地域の進学校から受験する生徒が大半だった。ところが黒島は例外中の例外、独学だった。

広島県呉《くれ》の郊外の寒村に生まれ、三歳で孤児になり、伯母に引き取られて育った。小学校は卒業したが、あとは独学で勉強して海軍兵学校に合格した。独学の若者にも門戸を開放していたという点で、海軍兵学校は革新的であった。そのことも含めて黒島は異例中の異例だった。

無口で孤独、ふうがわりな男だった。おかしな奴と上級生にはよく殴られたが柔道に励み、上級生になると、それなりの睨みをきかせた。

ただし勉強はぱっとせず、卒業時の席順は九五人中三四番と平凡なものだった。

普通、この成績では参謀は無理である。ところが連合艦隊司令部の首席参謀になったのだから驚きだった。

黒島亀人大佐

首席参謀は連合艦隊司令部の要である。

スマートな紳士が多い海軍の中にあって、黒島は極端な変わり者だった。そばによるとプーンと汗臭い。それもそのはず一ヵ月に一回ぐらいしか風呂に入らない。昼も部屋を真っ暗闇にして、ひたすら瞑想にふけっていた。夏はときおり丸裸でいる。冬はドテラである。

その異様な姿に人は神秘性を感じた。陸軍の石原莞爾《かんじ》が日蓮宗に凝ったように、山本にもなにか目に見えぬものに依存する気持ちがあった。それが黒島だった。しかし海軍は科学技術の世界である。敵の動きをいち早く摑むことだ。ミッドウェー作戦に限っていえば、黒島の一言は致命的だった。

南雲機動部隊は、敵空母の存在にまったく気づかず、誤った作戦行動を展開していた。それは破滅への道だった。

米軍に筒抜け

電波発射の是非もあったが、実はもっと重大なことがあった。

米軍は日本海軍の暗号電報の解読に成功していた。

「米軍は絶対に解読できない」

と山本が自信をもっていた暗号が解読されていた。

日本海軍の暗号は暗号書と乱数表で送信、解読された。送り手は文章を暗号書によって数字に置き換える。それを乱数表にかけて送信した。送信する際にどの乱数を使ったかを示す符号を電文のなかに隠してあった。

解読にかなりの時間が必要のはずだったが、米軍は暗号書と乱数表を沈没した日本軍の艦船から引き揚げ、ほぼリアルタイムで解読することに成功していた。

ニミッツはそれによって日本海軍のミッドウェー、アリューシャン作戦の全容を摑んでいた。

索敵の飛行艇を何機も飛ばし、包囲網の輪を縮めていた。

日本海軍の侵攻を知ったニミッツは、慎重、かつ大胆に策を練った。

ミッドウェー島は可能な限りの強化を施した。

水際には地雷を埋設し、海兵隊を増員し、高射砲も増強した。

哨戒用として飛行艇約三〇機を配備し、B17を一七機、戦闘機二七機、爆撃機三四機、雷撃機六機、B26も三機配備した。

島は要塞となった。

空母「ホーネット」と「エンタープライズ」をただちに南太平洋から呼び戻し、真珠湾に待機させるとともに、機動部隊の指揮官にレイモンド・A・スプルーアンス少将を抜擢し、指揮をとらせた。

二隻の空母は南雲機動部隊が出撃するや、即座に重巡五隻、軽巡一隻、駆逐艦九隻を従えてミッドウェー方面に出撃した（他にも、珊瑚海海戦での損傷を応急修理した空母「ヨークタウン」を率いてフレッチャー少将が合流した）。

潜水艦は日本艦隊の集合地点に配備した。万全の態勢といえた。

アリューシャン方面には巡洋艦五隻、駆逐艦一四隻、潜水艦六隻を派遣した。

「これで負けたら物笑いだ」

ニミッツはすべてに細心の注意を払った。しかし戦争には運もつきまとう。どんなに準備をしたところで些細なことで逆転もありえた。

勝つか負けるかは、最終的にやってみなければ分からなかった。

山本は「大和」に乗って出動したが、ニミッツはハワイを動かなかった。

このため自由自在に艦隊に指示を出すことができた。

米軍が先に発見

ミッドウェー島の哨戒機が南雲機動部隊を発見したのは、六月四日午前五時三十四分（現地時間）であった。

ミッドウェーを発進した哨戒機がミッドウェー島の南西方七〇〇マイル（約一一〇〇キロ）に「大型船六隻」を発見し、空母部隊に第一報をもたらした。

「間違いなく空母だ」

の知らせに米機動部隊は興奮した。

米空母は臨戦態勢に入り、飛行甲板には攻撃機が並んだ。その十分後、ミッドウェー島の西北一五〇カイリ（約二八〇キロ）の地点を飛ぶ多数の日本軍機が発見された。その周辺に日本の空母がいることは明らかだった。

六時三分、日本の空母二隻と戦艦が高速で、ミッドウェー方面に向かっていることが確認され、空母の搭乗員室は喚声に包まれた。

「必ず沈めてやるぞッ」

搭乗員は真珠湾の復讐をすると燃えに燃えた。

南雲機動部隊は依然、米空母の存在に気づいてはいない。もしこの状況を同時進行で眺めることができたならば、米軍の勝利はほぼ確実といってよかった。

こうした危機的な状況のなかに、南雲機動部隊はあった。米空母と情報戦でタイに持ち込めるチャンスを逸した南雲機動部隊は、計器を持たずに砂漠に迷い込んだ探検家のようなものであった。

山本が出撃したことが失敗だった。柱島にいれば傍受した電波を南雲に飛ばすことができた。

敵空母なし

南雲機動部隊も索敵機は飛ばしていた。しかし敵空母の姿はなく、敵空母はハワイを出港していないという判断に傾いた。

「そうか、いないか」

南雲はほっとした表情になった。

南雲は緊張感から少し解き放たれた。

戦争には、やったものでなければ分からない恐怖感があった。企業の経営者が経営に失敗し、企業が倒産したという話は日常茶飯事にある。しかし従業員の命までは失われない。再建の道もある。だが戦場では軍艦も飛行機も兵士もことごとく失われるのだ。手足がばらばらになって、死んでゆくのだ。

その責任は自分にあるのだ。ならば戦争はしたくない。そう思うのが正常というものだった。

実は潜水艦も使って敵空母の動向を調べようとしていたが、潜水艦がハワイとミッドウェーの間の哨戒線に迫ったとき米空母部隊は、とうに通過してミッドウェーに向かっており、探知できなかった。

つめの甘さが随所にでてしまった。

この朝の南雲機動部隊の状況判断は次のようなものだった。
一、敵はわが企図《きと》を察知せず、少なくとも五日午前零時（日本時間）までは、わが機動部隊は敵に発見されていないと認める。
二、敵機動部隊が、付近海面に行動中と推定する資料はない。
三、我はまずミッドウェー島を空襲し、敵の基地航空兵力を壊滅して、上陸作戦に協力したあと、敵機動部隊に対処し、これを撃滅することは可能である。
四、敵基地の航空兵力の反撃は、わが上空直衛戦闘機と対空砲火によって、撃退することができる。

「当面、島の攻撃に全力をつくしましょう」

草鹿参謀長は自信たっぷりにいった。

「そうだな」

と南雲が応えた。だがもう一人の南雲が首をもたげた。

本当に空母はいないのだろうか。そう断定していいだろうか。

「参謀長、本当にいないのだろうな」

「少なくとも近海にはいないでしょう。飛んできても撃墜するだけです」

と草鹿がいった。

もうクヨクヨ考えるのはやめようと南雲は自分にいい聞かせた。

敵の機動部隊がいないのだから、気楽な戦闘になるだろうと皆が思った。

むしろこの作戦で大きな問題は、飛行隊長の淵田美津雄中佐を欠いていたことだった。

淵田は盲腸の手術の経過がよくなく、八日間も絶食し、やせ衰えていた。しかしエンジンの音を聞くと黙ってはいられない。

いよいよ出撃に違いない。淵田はこっそり病室を抜け出して甲板にでようとしたが、艦内の防水隔壁がすべて閉ざされていて、なかなか行けない。

通路のマンホールが開いていたので、そこを潜ってなんとか飛行甲板にのぼった。

そこに私室があったので、ここで軍服に着替えて発着艦指揮所に向かった。

増田飛行長が采配をふるっていた。

「隊長、大丈夫ですか」

「まだだめなんだが、気がもめるよ」

「無理しないでくださいよ」

「ところで索敵機はでたのかい」

「第一次攻撃隊と一緒にでます」

「二回だすのかい」

「いや一回きりです」

「それはおかしいな」

淵田が疑問を呈した。

第一次攻撃隊はミッドウェー島の爆撃に向かうのだ。索敵機は敵空母を捜すために飛び立つのである。それが同時というのは、いかにも遅かった。しかも一回限りというのも不安なことだった。

「大丈夫かい」

淵田がいった。

淵田は米空母の不在を信じてはいなかった。常識的に考えて空母がいないことはありえなかった。こちらの動きはすべて米軍が掴んでいるはずだ。日本の空母を叩く絶好の機会ではないか。そこを狙わずしてなにを狙うのだ。

「南雲さんも草鹿さんも、所詮は素人だからな」

淵田はさびしそうにいった。

淵田は何もできない自分にいらだちを覚えた。

淵田の不安

淵田は詳しい説明を索敵担当の布留川大尉に尋ねた。

索敵線は、東方と南方に五機の飛行機が飛ぶことになっていた。「赤城」と「加賀」から艦上攻撃機各一機、「利根」と「筑摩《ちくま》」から水上偵察機各一機、「榛《はる》名《な》」から水上偵察機一機の五機である。「榛名」の偵察機をのぞいて、索敵範囲は三〇〇カイリ（約五六〇キロ）だった。「榛名」機は半分の距離である。

問題は人間の目には限界があることだった。機上レーダーなどないのだから、すべて肉眼で判断しなければならない。朝早い時間と夕暮れの時間はほとんど見えない。

この時間帯の敵艦の発見は困難だった。

このために二段索敵法が必要だった。索敵機を二回にわけ同じ索敵線を重ねて飛ばし、万全を期すやり方である。

米軍は索敵に飛行艇や哨戒機を数多く使い、念入りに行なったが、連合艦隊はあまり索敵に重きを置かなかった。すべて攻撃優先で爆撃、雷撃、空中戦に力を入れた。

「索敵軽視だよ」

淵田はいまいましそうにいった。

淵田がいうのはもっともだった。空母同士の決戦となれば、敵の位置を早く掴んで攻撃隊を先に送り出した方が決定的に有利だった。

敵を知らずして戦争をすること自体、無謀なことだった。

「赤城」「加賀」の索敵機は問題なく発艦したが、「利根」と「筑摩」のカタパルトが故障して発射されなかった。

「いったい、どうしたんだッ」

淵田が思わず怒鳴った。

間もなく日の出である。そのうちに第一次攻撃隊が発艦を開始した。

淵田は発着艦指揮所で、発艦の様子を見守った。

エンジンが回り始めると青白い炎が、パッパッと明るく光る。

やがて轟々《ごうごう》たる爆音が響いた。心がときめく瞬間である。

飛行機野郎にとってこの光景ほど胸が高まるものはない。

狩人は満を持して大空に飛び上がり、爛々《らんらん》と目を光らせ獲物の攻撃に向かうのだ。

戦いには必ずリスクがある。全員が無事、帰艦することは不可能である。誰かは犠牲となる。

敵機に撃ち落とされるかもしれない。対空砲火でやられるかもしれない。故障もあるだろう。方向を見失い海に落ちるかもしれない。

南雲機動部隊はすでに発見されており、ミッドウェー島の敵は針鼠のように対空砲火を張りめぐらせ、戦闘機も迎撃に出るだろう。ガソリンタンクを打ち抜かれれば、それだけでおしまいなのだ。淵田は不安でいっぱいだった。

「隊長、いってきます」

艦爆分隊長の千早猛彦大尉が淵田に敬礼した。

「うん」

といって淵田が答礼した。

最初は戦闘機である。零戦はうなりをあげて発艦し、ついで急降下爆撃機が発艦した。千早大尉が後ろの窓をあけて手をふった。「飛龍」からも次々に攻撃機が発艦した。

「飛び立ったのは四隻の空母から一〇八機である。総指揮官は「飛龍」飛行隊長の友永《ともなが》丈市《じょういち》大尉である。

友永大尉は水平爆撃機三六機を率い、左には「加賀」飛行分隊長・小川正一大尉の急降下爆撃機三六機、その上空には、「蒼龍」飛行分隊長・菅波政治大尉率いる零戦部隊がいた。最強の布陣である。

全員、敵の空母はいないものと信じ切っており、余裕があった。

淵田は飛行隊が消え去ったあともじっと、空を見つめていた。

盲腸にならなければ、自分も爆撃に参加するはずだった。それが残念でならない。戦場ではひとり冷静に全体を見つめる人間がほしい。空母からミッドウェー島までは二四〇カイリ、約四四〇キロ離れている。帰路のコースが分からなくなる飛行機もでてくる。それを誘導して帰ってくるのも淵田の役目だった。

「寂しいな」

そんな思いが淵田の胸をかすめた。

士官室に戻った淵田は胸騒ぎがして仕方がなかった。

それは飛行隊長としての勘である。こちらは鳴り物入りで出かけてきたのだ。敵も秘策を秘めているに違いない。太平洋艦隊は本当に出動していないのか。本当にそうだろうか。

どうもすっきりしなかった。

南雲も不安を感じていた。だが司令長官が右往左往してはみっともない。部下を信頼して、でんと構えていなければならない。その思いがあって逆に動きがとれなかった。心のなかは不安でいっぱいだった。

シミュレーション

このときの状況を画像に描けば、こうなっていた。

ミッドウェー島をはさんで日米両軍の機動部隊がいる。日本の南雲機動部隊は、敵の存在にまったく気づいていない。米機動部隊は敵機動部隊の位置まで知っていた。

そのはるか後方の連合艦隊旗艦「大和」は、南雲が対処してくれていると悠然と走っていた。知らぬが仏である。

これは最悪の図式だった。

山本は南雲が間もなく敵空母をつきとめ爆撃を加えるだろうと信じていた。

日本の索敵機は飛んではいるが、米機動部隊の位置からは遠く外れていて、一向に見つからない。

画像を見つめる日本人の観客は、大ブーイングである。

「なんだ、どうしたんだ。これでは負ける」

思わず目をそむけたくなる。

一方、アメリカの観客は、勝ったも同然と大騒ぎである。

「もう見ていられない」

と逃げ出す日本人もいる。こういう状況であったろう。

ただし日本側にもチャンスはあった。この段階までは索敵機が敵空母を発見すれば即、雷撃機が出撃する用意はされていた。

また上空には空母を守る戦闘機も飛ばしていた。

南雲長官も草鹿参謀長も、その点はぬかりがなかった。だが索敵機はまるで違う方向を飛んでいる。日本側の観客は絶望のあまり頭を抱えた。そんな状況だった。

米軍機発艦

現地時間の午前六時三分、米機動部隊の艦艇に「敵の空母二隻と戦艦が高速でミッドウェー方向に向かい、前進中」のアナウンスが流れた。

「距離、方位はどうかね」

スプルーアンスが聞いた。

方角西北、距離は一七五カイリ（約三二〇キロ）だった。それは米軍の雷撃機が飛べるギリギリの距離である。よし、飛ばそうと、スプルーアンスは決断した。

「攻撃開始ッ」

スプルーアンスが命令を下した。

スプルーアンスはほんの少し前まで、太平洋艦隊の巡洋艦四隻を率いた無名の一少将に過ぎなかった。性格は、はにかみやの無口な人物で、新聞に取り上げられたりすることは嫌いだった。この人がどこまでやれるのか、疑問視する声もあったが、ニミッツは彼の実力を熟知していた。

沈着、冷静、それでいて、いざという時の決断が早い。

そこをニミッツは買っていた。

山本とは正反対だった。山本は適材適所ではなく、年功序列を重視した。

南雲は航空の素人だが、参謀長の草鹿と参謀の源田が知っているので、大丈夫であろうという判断だった。南雲はいわば飾りの司令長官である。実に気の毒な配置だった。

これが日本型人事の大欠点だった。

一方のスプルーアンスは自分の判断で命令を下すタイプだった。いま攻撃機を飛ばせば、日本軍のミッドウェー島攻撃隊が、爆撃をおえて空母に帰還する時間にちょうどぶつかる。

空母は大混乱の最中であり、攻撃には好都合だと考えた。

もちろん、危険もあった。日本機動部隊には少なくともあと二隻の空母がある。

わが機動部隊も早晩、日本の索敵機に発見されるだろう。そうすれば、残る二隻の空母から発進した攻撃機がこちらに向かってくる。

そうなれば生きるか死ぬかの激しい戦いになる。

南雲機動部隊は真珠湾を奇襲した精鋭である。

犠牲も当然つきまとうが、これは戦争なのだ。やむを得ぬことだとスプルーアンスは腹をくくった。

「エンタープライズ」から六四機の攻撃機が順番に発艦を始めた。しかし空母のスタッフは、どのセクションもまだ不慣れで、三十分かかって半分も発艦できない。イライラがつのった。

そのとき、日本軍の索敵機が上空に現われたとの知らせが入った。

もはや一刻の猶予もない。スプルーアンスは「エンタープライズ」の飛行隊長マクラスキー少佐に、

「すみやかに攻撃に向かえ」

と命令した。護衛の戦闘機は何機かつけたが、航続距離が短いので、途中で引き返す公算が大だった。

セオリーでは戦闘機、爆撃機、雷撃機が編隊を組んで日本空母の攻撃に向かうことになっていたが、緊急のことであり、と

スプルーアンス少将

にかく飛べる飛行機は、どんな種類であれ先に攻撃に向かうべしと、断固たる態度にでた。

戦場では何よりも気迫が必要である。スプルーアンスは強気の姿勢を貫いた。

スプルーアンスを知ろうとすれば『提督スプルーアンス』を読むことである。著者はトーマス・B・ブュエル。訳者は小城正、一九七五年に読売新聞社から発刊され、その後、学習研究社から復刊された。

著者は米海軍兵学校、海軍大学出身のいわばプロである。「スプルーアンスは、世界史上最大かつ最強の艦隊を率いた人物である。彼は第二次大戦間の海戦において目覚ましい勝利をえた」と記した。

敵機来襲

南雲機動部隊の第一次攻撃隊は、ミッドウェー島から三〇カイリ、約五六キロ手前で、島の基地から飛来した米迎撃戦闘機の待ち伏せ攻撃に出あった。

日米の搭乗員の腕には格段の差があった。

零戦は自由自在に飛び回り、米戦闘機を苦もなく撃墜した。

日本軍の水平爆撃隊と急降下爆撃隊は真っすぐにミッドウェー島に向かった。

しかし米軍は日本の空爆をあらかじめ想定し、島の飛行機を避難させたり、南雲機動部隊に向けており、地上に飛行機はなかった。格納庫を除いてはさほどの施設もなく、あまり意味のない空爆になってしまった。

「これではだめだ」

と総指揮官の友永大尉は、滑走路を完全に破壊せんと、

「第二次攻撃の要あり」

と母艦に打電した。

「そうか」

と南雲がうなずいた。

「オイ、友永の奴。ずいぶん中国で基地攻撃をやったくせに、なぜ、あの手を使わないんだ」

と淵田が待機中の村田少佐にいった。

「やっこさん、しばらく内地でアカを落としていたもんだから、素直になったんだろう」

と村田少佐が答えた。

敵の基地攻撃に向かった場合、あらかじめ敵がこれを察知すると飛行機を空中に退避させた。そんなとき、爆弾をあまり投下せず、そのまま帰ると見せかけて、もう一度戻ると、敵機が油断して基地に着陸していることがあった。それを忘れたのだろう、と村田が皮肉った。

そこへ村田の飛行隊に第二次攻撃の命令がでた。おかしいと淵田は思った。村田の飛行隊は雷撃機である。魚雷で基地攻撃はできない。

「どうするんだ」

「爆弾に切り換えるらしい」

と村田がいった。ばかなと淵田は思った。

「タタタッツ、タタタッツ」

対空戦闘のラッパがけたたましく鳴った。

淵田は起き上がって南の空を見た。見張員が、

「左二〇度、水平線のちょっと上です。四機見えます」

「うん、あれか」

淵田はミッドウェー島から飛来した攻撃機だと直感した。味方の戦闘機がすぐ飛び掛かっていった。見ている間に三機を撃墜した。

「ワーッ」

大歓声があがった。零戦は天下無敵だった。しかし米軍も負けてはいなかった。今度は大型陸上機六機が左右から「赤城」に迫ってきた。

B17である。

「ガンガンガン」

「赤城」の対空砲火が火を噴いた。他にも敵機がどんどん迫ってくる。

そのとき直衛戦闘機三機が、味方が打ち出す弾丸の真っ只中に飛び込んで敵の雷撃隊に銃弾を浴びせ、三機を撃墜した。ひやりとした瞬間だった。

まだ敵の雷撃機が三機残っていた。どんどん突っ込んできて魚雷を発射した。

「面舵《おもかじ》いっぱいッ」

航海長が右急旋回で舵を切り、魚雷を避けた。南雲の全身に冷や汗が吹きでた。まかり間違えばお陀仏である。まさにすべてが紙一重だった。

「第二次攻撃の準備はどうか」

と南雲がいった。

雷撃機から魚雷をはずし、急いで爆弾に積み換えを始めている。空母はいないのだから魚雷の必要はない。そういう判断だった。

「もう少し、かかります」

草鹿がいった。

「敵の空母は見つからないな」

南雲はもう一度、念を押した。

そんなに気になるのなら雷撃機を待機させておけばいいのだ。南雲が「半分は残しておけ」と声をかければいいのだ。

しかし、声はでなかった。自分の不安を見透かされはしないか、そんなちっぽけな思いで黙ってしまった。その小さなこだわりが、とんでもない結果を招く。

魚雷から爆弾への兵装転換にはどう見ても一時間は必要だった。艦内は大騒動である。ようやく兵装転換が終わりかかったとき、事態は急変した。

南雲愕然

午前七時半（現地時間）、索敵機から重大な情報が寄せられた。

「敵らしきもの一〇隻見ゆ。ミッドウェーより方位一〇度、二四〇カイリ、約四〇キロ、速力二〇ノット」

「なんだってッ」

南雲は愕然とした。

「空母はいるのか」

「どこから入った電報かッ」

艦橋は騒然となった。

そのうち敵艦艇は巡洋艦五隻、駆逐艦五隻と知らせが入った。

「空母はいないのか」

南雲は安堵したように、ほっとした顔になった。

「おかしい」

と淵田は思った。空母を伴わないで、巡洋艦、駆逐艦がのこのこ出てくるはずがない。

すると「敵の後方に空母らしきもの発見」の電報が入った。その場所は「方位八度二五〇カイリ」で、「針路五〇度、速力二〇ノット」と続報が入ってきた。

「やっぱりな。これはどうなるんだ。大変なことだッ」

淵田が叫んだ。南雲の命令で雷撃機は爆弾に積み換えを始めていた。

こうなったら魚雷も爆弾もない。即刻、攻撃機を出すべきだ。淵田はそう思った。

艦内に不安が広がった。いままでなにをしていたのかと、皆、顔を見合わせるばかりである。

ミッドウェー島に出した攻撃隊の多くがこれから戻ってくる。

加えて空母攻撃用の雷撃機がない。

魚雷と爆弾

ここで魚雷と爆弾について解説を加えておきたい。

ミッドウェー作戦は通常よりも爆弾の種類を多く搭載していた。

艦船攻撃用の通常爆弾、甲板を貫通させる徹甲爆弾、陸上攻撃用の爆弾、それに魚雷である。魚雷は同じだが、爆弾は幾種類もあった。

通常爆弾は長さが一メートル七八・八センチ、重さは二五〇キロがもっとも大きく、翼下につける小型の三〇キロもあった。

徹甲爆弾は二メートルを超え、重さは八〇〇キロあった。

陸上攻撃用の爆弾は徹甲爆弾に近い、長さが二メートル八七センチ、重さが八〇〇キロの大型爆弾と六〇キロの小型爆弾があった。

魚雷の大きさは五メートル四七センチ、重さは八五二キロもある。

これらをすべて交換するのだ。

重いうえに煩雑である。整備員の苦労は並大抵ではなかった。

普通、転換作業には一個一時間半から二時間を要した。

飛行甲板が空いていれば、転換を終えた飛行機は甲板に運ばれる。ところが甲板を使っている場合は待機になる。格納庫は狭いので、作業は一時中断される。

どんどん作業が遅れていく。

爆発炎上の危険もどんどん増える。

爆弾と魚雷は通常、弾薬庫に収納されているが、交換の作業は格納庫で行なわれるので、格納庫には魚雷、爆弾が無雑作に置かれることになる。

この状態で空爆を受ければ、弾薬庫が爆発したのと同じ状態になる。

さらに航空燃料を満載している。空母はたちまち爆発炎上である。

空母は、もっとも危険で脆弱な艦艇だった。したがって戦闘中での兵装転換は、望ましいことではなかった。

南雲機動部隊の幕僚は、安易な兵装転換がどういう結果をもたらすか、考えが及ばなかった。

経験不足、危機対処能力の不足であった。

兵装再転換

最悪の事態である。

これは何たることか、いままで、なにも知らずにミッドウェー島を爆撃していたことになる。

「距離はまだ遠いな」

「敵の空母からはまだ攻撃機は飛ばないでしょう」

草鹿が答えた。顔面蒼白である。敵空母発見となれば、雷撃が必要である。

「爆弾を魚雷に換えねばならぬ。兵装再転換だな」

南雲がいった。またしてもこれは大変なことになった。

ミッドウェー島に第二次攻撃隊を送り出すために、雷撃機から魚雷を外し、陸用爆弾に切り換えていた。八〇〇キロの爆弾である。

その作業が無駄になったのだ。

こうなれば、魚雷でなくてもいい、爆撃機を敵艦隊に向けて飛ばすべきだ。第二航空戦隊の山口司令官が具申し、

「ただちに攻撃隊の発進の要ありと認む」

と「赤城」に伝えた。

しかし戦闘機がつけられない。爆撃機だけでは、落とされてしまうだろう。草鹿は出撃をしぶった。ミッドウェー島の攻撃から帰ってきた飛行機をまずは収容する。それから戦闘機をつけて攻撃に向かわせる。草鹿はそう判断した。

「それしかないでしょう」

源田も賛成した。

「そうか」

南雲はうなずいた。

南雲の頭は真っ白になっていた。

やはり雷撃機を残しておくべきだった。後悔の念が頭をぐるぐる回り、立っているのがやっとだった。

「何も知らない長官だから、こんなことになるんだ」

部下の嘲笑《ちようしよう》が幻覚となって頭を駆けめぐった。

「おれはなんというばかだ」

南雲の心は大きく乱れていた。

飛行甲板に並んだ爆撃機を格納庫に下ろし、爆弾から魚雷に換える兵装再転換が始まった。

「ばかなことをやっている。すぐ飛ばすのだッ」

山口司令官は地団駄踏んで悔しがった。真珠湾攻撃のときもそうだった。石油タンク、修理工場の爆撃を山口は叫んだが、無視された。

「南雲のやろう」

山口の怒りは爆発した。

既にその時、敵空母から雷撃機や爆撃機が発進し、こちらに向かっていた。

すべての問題が複合的に起こった。

悪いことにミッドウェー島の攻撃を終えた攻撃機が続々、空母上空に戻ってきた。燃料が切れかかっている。これを急いで収容しないと海上に不時着する。甲板に収容すれば当然、攻撃機は出せない。八方ふさがりの状態だった。

なぜこのようなことになったのか。

『戦史叢書ミッドウェー海戦』に、戦後の三人のいい分が掲載されている。南雲は戦死したので、本当の声を聞けないのは残念である。

◆草鹿参謀長

「艦爆隊ならすぐに発進させることができた。しかし、いままでの敵の来襲状況をみると、敵は戦闘機を伴っていなかったので、面白いように撃墜され、まったく攻撃効果をあげていない。これを目前に見ていたので、どうしても裸で艦爆機を出す決心がつかなかった。当時、各空母に残っている戦闘機は、防空戦闘のため全部発艦していたので、攻撃隊につけてやる手持ちはなかった」

空母がいて先に発見されている以上、敵の攻撃機はとうに発艦し、こちらに向かっているだろう。ここは相討ちしかない。それは草鹿も分かっていたはずである。しかしできないもうひとつの事情があった。

格納庫では、魚雷を爆弾に換え、さらにまた魚雷に換える作業が始まっていた。これが終わらなければどうにもならない。

上空にはミッドウェー基地の爆撃から帰った攻撃機が降りてくる。艦内はコントロールがきかなくなっていた。これは明らかに参謀長の判断ミスだった。

源田参謀はどうか。

◆源田参謀（航空甲参謀）

「ミッドウェー攻撃隊の収容をあきらめて、これを海上に不時着させ、艦上にある攻撃機の準備を急いでこれを発進させるのがよいか。全機を収容して陣容を整えた有力な攻撃隊を編成して、一挙に敵を撃滅するのが有利か、その判断に苦しんだ。

検討の結果、敵機の来襲まではまだ時間的余裕があると判断して、後者をとった。敵から一時離脱して攻撃準備を完成しようとは、まったく考えなかった」

と語った。このとき入手した情報は敵空母が味方から二一〇カイリ（約三九〇キロ）離れているというものだった。

この距離だと敵の護衛戦闘機は燃料切れを起こし、ついてはこれない。もっと距離をつめてから戦闘機とともに来襲するに違いない。攻撃機単独ではこないだろうという想定だった。

ところがスプルーアンスは、すぐに雷撃機と爆撃機を出した。

一応は戦闘機をつけたが、これは燃料切れで途中から戻っている。結果として戦闘機なしの出撃だった。即断即決、この違いが戦局を左右した。

◆吉岡参謀（航空乙参謀）

「いままでの防空戦闘の成果からみて、敵機の来襲は艦戦で防禦できると漠然と判断していた。また敵空母までの距離はまだ遠いので、次の来襲はミッドウェーの航空兵力であろうが、それにはまだ相当の時間的余裕があると判断した。さらに攻撃は大兵力を集中して行なう方が戦果も大きく、損害も少ないので、若干、攻撃隊の発進を遅らせても、大兵力が整うのを待つ方が有利であると考えた。この決定は司令部内で問題なく簡単に決まったように記憶している」

なんたることだ。

これはまったくの事実誤認といってよかった。敵の攻撃機はもうすぐ飛来するのだ。

南雲機動部隊は重大な判断の誤りを犯した。切迫感がまずない。戦争なのだ。もっとあわてふためき、即座になんらかの対応を行なう機敏さが必要だった。

艦上大混乱

南雲も草鹿も源田も、兵装転換の混乱をよく把握していなかった。

雷撃機は、空母はいないというので魚雷を八〇〇キロの爆弾に搭載換えを行ない、あと数機というところで敵空母発見の知らせにより、また魚雷に換える命令が出された。

現場を無視した判断だった。

「これはまったく急速雷爆転換の競技だな」

増田飛行長は声をあげた。やっと魚雷を外して爆弾に換えたばかりである。その飛行機を甲板にあげ、やれやれと思ったところに、また再転換の命令である。

「なにをやっているんだッ」

兵員は不平タラタラだった。これは大変な重労働なのだ。こんなところを爆撃されたら、空母はたちまち火の海となり、間違いなく沈没する。

参謀たちへの不信がつのった。

雷撃隊の村田少佐はあきれ顔で、

「危ないことをやる、なにを考えているんだッ」

と怒りをあらわにした。

淵田は病気で、重要事項の決定から離れていることが大きく響いた。なんとか大車輪で作業を進め、ミッドウェー攻撃から帰った飛行機の着艦もはじまろうとしていた。艦隊は三〇ノットの速力で北上した。

淵田は何気なく時計を見た。もう一時間近くたっていた。

敵空母（艦隊）を発見したのは現地時間の午前七時半である。敵機がすぐに発進すれば、もうこちらに着く時間である。

「遅い、遅い」

淵田は気が気でない。

戦いは勝つか負けるか、生か死か、紙一重である。

戦いに臨んだ以上は、勝たなければならない。

一兵といえども、その人命の尊さには変わりがないが、必要とあれば死地に投ずることを迷うべきではない。

目前の悲惨さに目を奪われて全局を忘れてはならない。

これは洋の東西を通じ、何時の世にも変わることのない指揮官のあるべき姿だった。しかし南雲機動部隊の司令部は、優柔不断だった。

相手を無視し、すべて自分たちに都合よく考えた。

艦載機襲来

「攻撃隊、発艦準備急げッ」

緊迫した声が「赤城」の艦内に響き渡った。南雲はあまりの急展開に気が動転し、声も出ない。

発着艦指揮所にいるのは、飛行長と病人の淵田だけである。皆、大慌てで発艦の準備である。

「敵雷撃機の編隊来襲す、われこれを捕捉攻撃中」

上空の零戦から無線が入った。どこに敵機がいるか、肉眼では見えない。

「あッ、あれだッ」

淵田が叫んだ。

右舷はるか向こうに豆粒ほどの機影が見えた。敵戦闘機の姿は見えない。雷撃機だけできたのか。

「米軍もやるじゃないか」

淵田は驚き、相手に対する畏敬の念をもった。その時である。

「敵の雷撃機すべて撃墜ッ」

の無線が入った。やれやれと思った次の瞬間、左右から新たな雷撃機が迫ってきた。

「敵雷撃機、右三〇度、低空ッ」

「他にも左四〇度」

見張り所から報告が次々に入った。

両舷からの挟み撃ちである。

どんどん距離が迫ってきた。七〇〇メートルを切った。これはもうかわせない。万事休すか。淵田は手を握りしめた。

「赤城」の三浦航海長が鮮やかに魚雷をよけた。

青白い航跡を残して艦首を通過した時、南雲の心臓は高鳴り、目まいがしそうだった。

奇跡の回避だった。

「ほう」

南雲は肩で息をした。

南雲の喉はカラカラに渇き、全身に冷や汗が流れた。

ここにきて南雲はようやく司令長官としての自覚と責任感を取り戻した。自分がしっかりしなければ、この艦隊は全滅する。なんとしてでもこの危機を乗り切らなければならない。

南雲は必死だった。

「艦爆だけでもすぐに出せんか」

と南雲は草鹿にいった。

「源田参謀、どうかね」

と草鹿が源田にふった。

「しかし戦闘機がありません。護衛の戦闘機なしで出しては皆、落とされてしまいます」

源田が反対した。

「それでも構わぬ、出せ」

と命令すべきだったのだが、南雲は搭乗員の命に保証がないと聞いて、またも後込《しり》みした。

あとで考えれば、これが最後のチャンスだった。

南雲は口をモグモグさせて、この機会も逸してしまった。

戦闘機の燃料切れ

一方、米空母部隊の発艦作業もすべて順調に進んでいたわけではなかった。

風向きと風速、報告された敵の位置、アメリカ軍機の荷重《かじゅう》と搭載している燃料の量、搭乗員を配置につけて飛行機を発進させるのに必要な時間、攻撃第一波と第二波の発進の間隔、その航続距離と戦闘行動半径、僚艦の「ホーネット」に対して命令を送るのに必要な時間などを、綿密にかつ迅速に割りだす必要があった。

米軍の攻撃方法も日本と同じように、護衛の戦闘機が南雲機動部隊の上空にいる零戦に攻撃を加えている間に、急降下爆撃機が爆弾を投じ、雷撃隊が海面スレスレに飛んで、敵艦に迫るやり方だった。

やっと「エンタープライズ」の甲板から最後の雷撃機が飛び立ったのは、発艦開始から一時間六分後になっていた。

飛んでみると、南雲機動部隊までの距離は遠く、雷撃機を護衛する戦闘機ワイルドキャットは、予想どおり途中で燃料切れを起こして帰艦した。

雷撃機は戦闘機の護衛なしで南雲機動部隊に決戦をいどむことになった。

「のるかそるかだ」

第六雷撃飛行隊長のジーン・リンゼー少佐は一三機の雷撃機を従え、高度五〇〇〇メートルで日本の空母に向かった。

少し遅れてその一〇〇〇メートル上空にはウエイド・マクラスキー少佐が指揮する第六爆撃飛行隊と偵察飛行隊あわせて三二機が飛行していた。

高度六〇〇〇メートルである。

二時間ほど飛んで雷撃隊が南雲機動部隊の空母を発見した。雷撃して無事に帰艦できるかどうか、ギリギリの時間である。

こうなったら突っ込むしかない。

「攻撃に移れッ」

リンゼー少佐は突撃を命じた。

南雲機動部隊の空母は激しく転舵し、横からの攻撃をさせないようにした。周辺の艦艇から対空砲火が炸裂し、雷撃機は衝撃を受けて機体がゆれた。

こわい零戦も追いかけてきた。

操縦士は機体をひねって、上昇したり急降下しながら南雲機動部隊の空母に迫った。

リンゼー少佐は空母「加賀」に照準をあわせた。

零戦が執拗にくらいついてきた。

雷撃機は最大で時速二二〇キロしかでなかったが、零戦はこの速度ならすばやく接近、射撃することができた。

護衛の戦艦、巡洋艦、駆逐艦から近距離の対空機関銃が発射され、雷撃機のエンジン、操縦装置、燃料タンク、操縦士に命中し、一機また一機と味方の飛行機が海に突っ込んだ。

先頭を切った雷撃隊は惨敗だった。

一四機の雷撃機は半分が撃墜された。残りの操縦士は魚雷を捨てて帰艦したとしても非難されることはなかったろうが、誰ひとりそうする者はいなかった。

南雲機動部隊の守備は、こと雷撃機に関する限り完璧だった。

リンゼー少佐は日本軍との力量の違いに愕然とした。

雷撃は大失敗だった。一四機のうち四機しか母艦に帰れなかった。

雲の切れ間

米海軍のドーントレス爆撃機の編隊は六〇〇〇メートルの高度から南雲機動部隊を捜して飛び続けた。この編隊にも護衛のワイルドキャットがついていたが、これ以上は航続不可能と、ワイルドキャットはくるりと反転して母艦に戻っていった。

爆撃機も重い爆弾を積んでいるので、燃料の消費が激しく、帰艦できるかギリギリの段階にきていた。

早く敵の空母を見つけなければならない。

指揮官のマクラスキー少佐は、眼下の海を必死に捜し続けた。

「あれはなんだろう」

白い航跡が目に入った。

それはまぎれもなく日本海軍の艦艇だった。こちらが零戦に見つかったら、撃墜を覚悟しなければならなかった。零戦に気づかれないことを神に祈りながら、マクラスキーの編隊は降下していった。

爆撃機の銃手は七・七ミリ機銃に弾丸を装塡《そうてん》して戦闘機を捜したが、まったく出てこない。

眼下の駆逐艦は空母に追いつくためだろう、高速で走っていた。

駆逐艦を追うと、青い海を滑るように走る四隻の空母が見えた。

「いたぞッ」

少佐は叫んだ。

空母には狭く黄色い飛行甲板があった。

空母の周りには戦艦二隻、巡洋艦数隻、駆逐艦がばらばらに取り巻いていた。

真珠湾を奇襲攻撃し、無傷で帰った日本の空母だ。

「ブラボー、復讐のときがきたぞッ」

爆撃隊の搭乗員は、歓喜の叫び声をあげた。

マクラスキー少佐はイヤホンを通して、てきぱきと指示した。

「ガラハーは右手の空母をやれ、ベストは左手の空母をやれ、アールはおれについてこい」

こう指示をだすや隊長機は機首をあげて上昇し、それから七〇度の急降下に入った。

運命の五分間

南雲機動部隊は、緊迫感に包まれていた。

体がゾクゾクする怖さがあった。ただではすまないという恐怖感である。

どこかで大きく間違っていたという思いが、すべての人の胸中にあった。

この混乱のなかで雷撃機の攻撃を避けることができたのは、奇跡といってよかった。皆、必死に頑張った成果だった。

一にも二にも、零戦のすぐれた戦闘能力によるものだった。

この時、南雲機動部隊のすべての人が、これで一難去ったと思った。

攻めてくるのは雷撃機と思ってしまい、零戦は上空警戒を怠り、艦艇の見張りは低空に気をとられていた。この直後に米爆撃隊が上空に達した。

人間はひとつのことに熱中すると、ほかのことが見えなくなる。

本来、雷撃と急降下爆撃、水平爆撃は一体のものである。

当然のことながら上空警戒は鉄則だった。

淵田が病気で全体の状況を把握できず、源田も風邪をひいて生彩を欠いていた。そうしたなかでの大混乱である。

敵雷撃機の来襲の間にも、敵空母に向けた攻撃隊の準備はまだ終わっていなかった。

早く発艦させなければならない。全員がその一点に神経を集中していた。

「なにをしてるんだ。早くでてくれ」

淵田は神に祈った。

少しでも空母が身軽になる必要があった。甲板に飛行機が並んでいるところを狙われたら、もうひとたまりもない。いま空母群はもっとも危ない状態にあった。飛行機が甲板に上がってきた。

あと五分あれば、「赤城」の攻撃機は発艦するはずである。

「よくここまできた、機動部隊に幸運あれ」

すべての人が神に祈った。

皆、顔は疲労と不安でドス黒くなっていた。頬はひきつり、言葉も少なかった。

そのときである。

「艦爆三機、直上、突っ込んでくるッ」

見張員が金切り声をあげた。

「えッ」

淵田が驚きの声をあげた。

上空から艦爆機が、まっすぐこちらに向かって急降下してくる。

先頭の一機から爆弾が投下され、真っ黒い物体が矢のように落ちてきた。

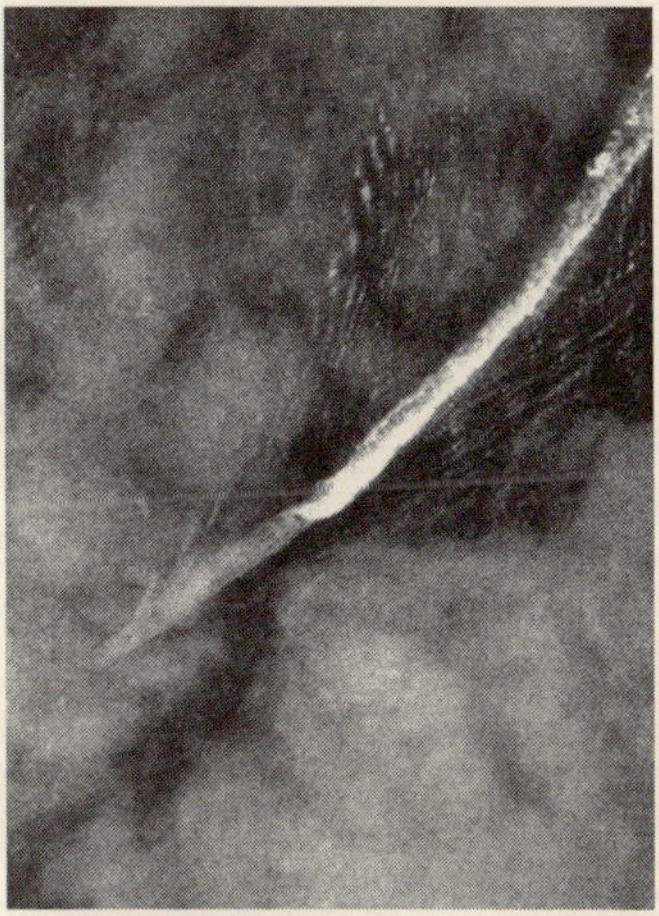
米爆撃機の爆弾を回避する「赤城」

艦橋の南雲は顔をひきつらせながら、

「面舵いっぱいッ」

と叫んだ。「赤城」は傾きながら回避した。

「キーン」という金属音を残して爆撃機が頭上を越えたかと思うと、凄まじい轟音とともに艦橋の左に二〇メートルもの水柱があがった。続いて二番機、三番機から真っ黒い爆弾が投下された。

二弾、三弾、四弾も至近弾だった。もは

やどうすることもできない。

零戦も間に合わない。防ぐ手立てはなかった。南雲に顔色はなかった。

喉がヒリヒリに渇き、狼に追い詰められた野ウサギのように身を縮めた。

「ガガッガーン」

五弾目が被弾した。二弾目、三弾目という説もある。

物凄い轟音と火柱で、甲板の飛行機は吹きとんだ。瞬時に黒こげの死体が甲板に転がった。

大惨事である。

「あああああッ」

悲鳴は艦内を包んだ。

「加賀火災！」

「蒼龍火災！」

の叫び声が艦橋にひびいた。

南雲は信じられぬ思いで、「加賀」と「蒼龍」の方向を見た。まっ黒な煙が上がり、火焔に包まれている。

「なんということだ！」

南雲は目まいを覚え、倒れそうだった。南雲機動部隊は世界最強の空母部隊のはずであった。

ミッドウェー基地からの空爆に耐え、最初の艦載機の雷撃も撃破した。それが、一瞬の隙をついた奇襲で全滅の危機にある。

南雲は顔をおおった。

炎上する「赤城」にこれでもか、これでもかと爆弾が叩き付けられた。

格納庫では爆弾、魚雷の誘爆が始まった。

「赤城」は修羅場と化した。南雲は顔をひきつらせ、

「消せ、消せッ」

と叫んだが、火焔は天まで上り、もはや手の施しようがなかった。

「加賀」「蒼龍」も天まで黒煙を上げている。完全な敗北だった。

これほどの大失敗をしでかすとは、天皇陛下に対し、どう詫びるのか。南雲は茫然自失、言葉もなかった。

首のない遺体

日本映画社の牧島貞一カメラマンはこのとき「赤城」の発着艦指揮所の辺りにいた。

「加賀がやられたぞッ」

と誰かが叫んだ。

驚いて見ると、「加賀」が黒煙に包まれながら海上をのたうち回っていた。

牧島は無意識に時計に目をやった。現地時間の午前十時二十五分頃だった。黒い小さな、ずんぐりした敵機が海面すれすれに飛び去っていった。

爆撃機だった。

それから対空戦闘のラッパが鳴りひびいた。

頭上から轟音が聞こえ、思わず空を見た。まっ黒な急降下爆撃機が、旗艦「赤城」に向かって、真っ逆さまに突っこんでくる。

「赤城」は飛行機を発艦させるため、風上に向かって一直線に走っていた。甲板では戦闘機のプロペラが回っている。艦橋から発艦の号令がかかった。飛行長がさっと白旗をふる。隊長機が真っ先に飛び立つ。つづいて二番機が飛ぼうとした瞬間、まるで咬みついてくるような勢いで敵の急降下爆撃機が頭上に迫っていた。

黒いものが太い胴体から離れた。

「爆弾だ、あぶないッ」

いっせいに身を伏せた。

牧島は発着艦指揮所のマットの陰にうつぶせになった。

全身の血が逆流した。次の瞬間、「ドカーン、ガン、ガン」と轟音が響きわたり艦もろとも、いっぺんにはね飛ばされるような衝撃を受けた。

一五、六メートル後ろの甲板のまん中に、大穴があき、鉄板がアメのように曲がっていた。いたるところから赤い炎がメラメラと立ちのぼっていた。格納庫の中から黒い煙がもうもうとでてきた。

いままで甲板上で忙しそうに働いていた整備兵はひとりも見えなかった。全員海へはね飛ばされたのだ。

飛行機も燃えていた。ことに二番機は滑走の途中で爆風をくらったのだろう、五〇メートルも先で逆立ちして燃えている。

搭乗員の姿はなかった。

甲板のまん中に首のない死体がひとつ転がっていた。

誰もが、茫然と立ちつくしていた。

失神状態といおうか、虚脱状態といおうか。何をやればよいか、どうすればよいのか、まったく分からなかった。

全員が強い衝撃で一瞬、なにがなんだか分からなくなり、自分を見失っていた。

高角砲はまだ発砲を続けていた。機銃も撃ち続けていた。

「ガーン、ガン、ガン」

さきの爆弾と同じ音がして、三万六〇〇〇トンの空母がぐらりと揺れた。格納庫から負傷した整備兵が続々、飛びだしてきた。

「格納庫の飛行機が全部燃えだした」

「魚雷と爆弾が爆発しだした」

と口々に叫んでいる。格納庫の中には攻撃機に積むはずの魚雷と爆弾が、何十発もゴロゴロしていた。それが誘爆を始めたというのだ。格納庫にぎっしりつまっている飛行機はガソリンを満載している。

「赤城」はいまに自爆してしまうぞ、と牧島は思った。

逃げてくる整備兵のあとを追うように、煙が迫ってくる。呼吸が苦しくなって、もう我慢ができない。

甲板は火の海だった。前方では「加賀」が黒煙に包まれて燃えていた。「蒼龍」は三ヵ所から薄い煙を上げていた。速力がひどく落ちている。

「赤城」艦長の青木大佐は、後ろをふり向くと、顔をゆがめてニヤッと笑った。

この人は、艦と運命をともにするつもりに違いなかった。いよいよ最期が近づいたと牧島は思ったという。

「報道班員、きみは死んじゃいかんぞ、逃げろ」

と飛行長が叫んだ。

牧島は小さい身体を利して、窓に手をかけると飛び上がりざまに外へでた。ロープをつかんで下を見ると、甲板の測距儀の辺りまでしか垂れさがっていない。しかもそこまで火が来ていた。するすると降りていって途中でパッと手を放すと、燃えている甲板に飛び降りた。

火の中を艦首へと走った。

そこはもう逃げてきた兵隊でいっぱいだった。

火の塊

すべてのことが裏目、裏目に出た。

南雲は飛行甲板に大きな穴があき、飛行機が散乱して黒煙をあげ、あちこちに黒焦げの死体が投げ出されているのを凝視していた。

南雲機動部隊は不滅だと信じていた。どんなことがあっても一騎当千の搭乗員や乗組員が、敵の攻撃を防ぎ、艦隊を守ってくれると信じていた。だが、すべては無残にも打ち砕かれた。人まかせであった自分を恥じた。

何度も何度も挽回の機会はあった。すべて自分の判断ミスで、それをことごとく逸してしまった。

これはすべて自分の責任だ。南雲は錯乱、狂乱になっていた。

この場にいたって、正常でいられる人間などいるはずはなかった。

これまで一糸乱れず行動していた機動部隊は支離滅裂。「飛龍」をのぞいて全艦、天高く黒煙をあげ、双眼鏡で見ると乗員は海に転落し、煙と火焔のなかで懸命に消火に当たる乗員の姿も見えた。

爆弾や魚雷が轟音とともに爆発し、その都度、「赤城」は地響きを立ててぐらぐらと揺れた。

艦内は火の海である。

無線も信号もなにもかも破壊され、通じない。

地獄の光景だった。南雲は顔をおおった。

「長官、しっかりしてくださいッ」

草鹿が叫んだ。

「もはや赤城はだめです。旗艦を変更しましょう」

草鹿がいった。それは空母「赤城」を放棄することを意味した。

「それはできぬ」

南雲がいった。体はブルブル震えている。

「長官、無理です。これでは指揮がとれません」

「いや、ここにはまだ人がいる。機関室には大勢残っているはずだ」

「しかし、指揮はとれません」

草鹿が強い声でいった。そのかたわらで、

「長官、避難してください。あとは私にお任せください」

青木艦長がいった。南雲はどう行動すべきか、自分を見失っていた。

「長官、司令部を移転しましょう」

草鹿が再度いった。

南雲は無言だった。放心状態といってよかった。

ここからは、どこにも命令を出すことができない。無線の傍受もできない。

南雲は急かされるように、艦橋から下方甲板におりた。その姿には機動部隊司令長官の勇姿はなく、苦悩した老人の顔があるだけだった。

日本映画社の牧島が、甲板に立つ南雲の姿を見ていた。

南雲はひとりで立っていた。この年老いた海軍中将は、憔悴し、口もきけずに立っていた。

カッターが一隻近づいた。ロープを下ろすと南雲に続いて参謀たちが下りていった。

「なんだい、日ごろいばっているくせに、逃げる時はいちばん先かッ」

一人の兵士が叫んだ。

はっとする叫びだった。しかし、この水兵を叱るものは誰もいなかった。

皆、同じ思いに違いなかった。ばかな参謀たちの失策でこうなったのだと、全員が白い目でにらんだ。

南雲の心はずたずたに引き裂かれ、このまま海に飛び込みたい心境だった。

「報道班員も逃がしてやれ」

誰かが叫んだ。兵隊が「新聞記者ッ」「報道班員ッ」と大声で叫び、牧島を捜してくれた。この惨状を国民に伝えてくれ、そこには兵士の悲願が籠っているように感じられた。

自分たちは最大の努力をしたのだ。だが作戦がころころ変わって無残な結果になったのは、上層部の責任にほかならない。

口には出さないが、兵士たちの腹わたは煮えくりかえっていた。

牧島は兵士の間をかきわけて、ロープのところへ走った。

「さあ漕げ。『長良《ながら》』へ行けッ」

副官が叫んだ。カッターは「赤城」を離れた。

「赤城」は燃えていた。

爆発が起こるたびに、真っ赤に焼けた鉄片が艦側を破って飛びだした。

その都度、新しい火焔がバッバッと噴き出し、あちこちから爆発音があがった。

「あああ、あああ」

兵士たちはすすり泣いた。

真珠湾攻撃以来、南太平洋からインド洋まで、この艦とともに戦ってきたこれらの人たちは、いま万感胸にせまる思いで旗艦の最期を見つめていた。

開戦以来、日本海軍のホープ、機動部隊の旗艦として戦果の大半を独占してきた「赤城」は、いま真っ赤に燃え、火の塊になっていた。

南雲中将は白髪まじりの頭をあげて、まばたきもせず、燃える艦橋のあたりを見つめていたが、やがて静かに頭をたれた。

神に祈りを捧げるのか、死んでいく部下にわが罪を詫びるのか、老提督の額には、深い皺が重なっていた。

草鹿は艦橋から降りる時に足首を捻挫《ねんざ》し、手の平は火傷《やけど》を負っていた。源田はどこにも怪我がなく、ずっと立ち上がっていた。盲腸炎で手術した淵田は、竹のすのこに体を巻いてもらい、やっとボートに乗り込み、ただ黙って横になっていた。目には涙が浮かんでいた。

南雲は放心したように離れて行く「赤城」を見つめていた。

「くやしいなァー、くやしいなァー」

ひとりの兵隊がオールを握りながら大声で泣きだした。しかし、この声すら、もう空虚なものとしか聞こえなかった。

「長良」の甲板には大勢の兵隊が集まって、カッターを見つめていた。二本煙突のこの古ぼけた巡洋艦は、短いハシゴを三、四歩登るともう甲板にでた。

淵田は担架に乗せられて病室にかつぎこまれた。南雲と参謀たちは、すぐ艦橋へのぼって行った。

牧島は甲板へ出てみた。

五一七〇トンの軽巡である。三万六〇〇〇トンの「赤城」にくらべると、なんとも頼りない旗艦であった。一四センチの大砲が七門あった。

「この大砲はつっかえ棒をしても、飛行機は撃てないですよ。上へ向かないんだから」

と兵隊がいった。

「敵さんはこんなボロ船にゃ目もくれませんぜ。みな上を飛びこして行っちまう。われわれは朝から戦争見物ですわい」

ほかの兵隊がつけ加えた。

周囲を見ると、「加賀」は全艦火に包まれていた。火山の爆発のように、大きな煙がどっと渦まいて立ちのぼった。大爆発が起きたらしい。「蒼龍」も同じだった。水平線上で、「蒼龍」はもう停止していた。「赤城」は艦首に火が回っていなかったので、まだ走っていた。まるで死の苦しみから逃れようとするかのようだった。

牧島が記述した「太平洋の落日」は『大東亜戦史1　太平洋編』（富士書苑）に収録されている。

人間には魔が差すことがある。

だが、この惨敗はそんなことでは済まされなかった。

「敵機動部隊なし」と判断し、魚雷を爆弾に積み換えたのは、まったくの初歩的ミスだった。どんな場合でも空母攻撃用に雷撃機は残しておくべきだった。その積み換えに一時間どころではない、もっと多くの時間と労力をロスした。

最後のミスは上空防衛である。雷撃機に気をとられて零戦は急降下爆撃機の出現をまったく想定していなかった。

「おれが上空にいたら」

淵田はくやんだ。

すべては後の祭りだった。

「長良」に移乗した南雲は無言だった。言葉をだせば、すべて弁解に聞こえる。まさに敗軍の将であり、いうべき言葉もなかった。

いったい、何人の将兵が命を落としたのか。これは無駄死に以外のなにものでもなかった。

「長官、まだこれからです」

第十戦隊司令官の木村進少将が南雲を励ました。木村も同じ水雷屋である。何度か同じ釜の飯を食っている。「長良」には水雷砲台があり、四連装の魚雷発射管が見えた。

南雲の体を電流が走った。自分がもっとも得意とする水雷戦で復讐するのだ。

「よし、やるぞ」

「長良」のマストに司令部を意味する中将旗が上がった。

南雲はこれからの戦略を立てた。
一、空母「飛龍」は全力を尽くして敵空母を撃破する。
二、機動部隊の各艦は、輪形陣をつくって「飛龍」を援護する。
三、水雷戦隊をもって敵機動部隊を攻撃する。
頼みは山口司令官の「飛龍」だった。南雲は水雷戦隊で、敵空母に一泡吹かせようと考えた。

だが問題は距離があまりにも遠すぎることだった。

敵との距離は一〇〇カイリ（約一八五キロ）と想定された。飛行機なら一気に飛べる距離だが、駆逐艦では五時間かかる。

「どうかね」

と南雲がいった。

航空参謀の源田は「ありえぬ」といった顔で、南雲を見つめた。五時間後には敵機動部隊は、とっくに引き返しているはずだった。

「飛龍」の奮戦

三隻の空母が被弾炎上するなかで、「飛龍」だけが無傷のまま残っていた。

敵空母発見のとき、即座に攻撃を主張したが、無視された第二航空戦隊司令官山口多聞少将が座乗する「飛龍」が無傷で浮かんでいることは、痛烈な皮肉だった。

「ただちに残存兵力で敵空母の攻撃を敢行する」

山口は反撃の指揮をとった。

現地時間の午前十時五十八分、「飛龍」から急降下爆撃機一八機、戦闘機六機の第一次攻撃隊が発艦した。

「なにがなんでも敵を倒せッ」

山口は檄《げき》を飛ばした。

指揮官は「飛龍」飛行分隊長・小林道雄大尉である。

小林は敵空母撃沈を胸に秘め、高度を四〇〇〇メートルにとり、飛び続けた。途中で帰投する敵機を見つけた。無視せんとしたとき、功をあせった零戦二機が攻撃に転じたため空母攻撃に加われなかった。

攻撃隊は敵空母「ヨークタウン」にたどりつき、二五〇キロ爆弾三発を投じ、二発を命中させたが、途中レーダーで攻撃隊の機影が捉えられ、戦闘機の待ち伏せ攻撃に遭い、爆撃機に多くの犠牲がでた。

日本海軍は以後、米軍のレーダーのために大きな犠牲を払うことになる。

空母上空の警戒も厳しいものがあり、上空の戦闘機と対空砲火で零戦三機、爆撃機一三機を失う犠牲をだした。

帰還したのは戦闘機三機、爆撃機五機だけだった。

奇襲だったハワイ攻撃と違って、待ち受ける敵艦に突入するのである。一方的な戦いはありえなかった。

「ヨークタウン」は最初の攻撃で機関を停止し炎上したが、たちまち火災を消してボイラーを修理し、二時間後にはふたたび二〇ノットで走れるようになった。

米軍の修理は神業だった。

「飛龍」の第二次攻撃隊は、友永飛行隊長を指揮官とする雷撃機一〇機、戦闘機六機だった。

友永大尉機はミッドウェー基地攻撃の際に被弾し、片方の燃料タンクが使えなかった。

「帰投には不安があります」

部下たちは止めたが、

「いや、おれはゆく」

友永大尉はそういって発進した。死を覚悟しての攻撃だった。

友永は速度を上げて走っている「ヨークタウン」を、まったく新しい空母と錯覚した。

三機の雷撃機は撃墜されたが、四機目以降が魚雷を投下、二発が命中した。「ヨークタウン」は再び停止し、左に傾いた。

この直後、米軍は「飛龍」に向けて攻撃隊を発進させた。

南方の海に「赤城」「加賀」「蒼龍」から立ち上る黒煙が見えた。

その近くに無傷の「飛龍」がいた。指揮官のアール・ガラハーは零戦の迎撃をかわし、太陽を背に最大の出力で「飛龍」を目ざした。

午後五時前、「飛龍」では乗員一同、戦闘配置についたまま配食を行なった。炊飯員こころづくしの大きなぼたもちだった。

間もなく一日が終わる。

残った飛行機で薄暮《はくぼ》攻撃に向かうと山口は決めていた。

その時だった。

「敵急降下爆撃機編隊、直上、急降下にはいるッ」

と見張り所から必死の叫びがあった。

「飛龍」は咄嗟《とっさ》に大回避に出た。

レーダーがないために発見が遅れたのだ。最初の三弾はかわしたが、あとから続く三発の直撃弾と至近弾一発を受け、ついに「飛龍」も戦闘不能になった。

「無念」

山口は唇を噛んだ。

山口司令官の自決

まだ暗い午前二時五十分、「飛龍」に「総員集合」が発せられ、

「みなが一生懸命努力したけれども、このとおり本艦はやられてしまった。力尽きて陛下の艦をここに沈めねばならなくなった。このことはきわめて残念である。どうかみんなで仇を討ってくれ。ここでお別れする」

と山口司令官が訓示し、一同水盃《みずさかずき》をかわし、皇居を遥拝《ようはい》し、万歳を唱え、軍艦旗と将旗を撤去した。

部下は再三、司令官と加来《かく》艦長に退艦するよう求めたが山口は許さず、また他の幹部が艦に残りたいと申しでたが、これも「ならぬ」と断った。

伊藤首席参謀が、

「鳳翔」機が撮影した炎上中の「飛龍」

「なにかお別れに頂くものはありませんか」

と頼むと、山口は自分の戦闘帽を渡した。伊藤はこれを受け取ると、涙で顔がくしゃくしゃになった。

「さあ、行きたまえ」

山口がいった。全員が駆逐艦に乗り移ると二人は並んで見送り、やがて二人は艦橋に登っていった。山口は鹿江副長に、駆逐艦に移乗を終わったなら、駆逐艦の魚雷で

「飛龍」を撃沈するよう命じていた。

その時がきた。

駆逐艦から魚雷が発射され一発が命中したので、沈没は確実と判断した駆逐艦はその現場を去った。ところが「飛龍」は沈没せず、艦内にはまだ生存者がいたのだった。

翌日早朝、後方にいる主隊所属の「鳳翔《ほうしょう》」の索敵機がなお浮いている「飛龍」を発見し、偵察の結果、艦上に人影があり帽子を振っているのを認めた。

この報告を得た南雲は、「谷風」にこれの収容と艦の処分を命じ、「谷風」は反転して「飛龍」に向かった。「谷風」は途中敵機の攻撃を受けたため、遅れて同夜現場に達したが、「飛龍」はすでに沈没していた。

山口司令官と加来艦長の最期は、もちろん誰も見ていない。

総員退艦後、山口らは自決したものと思われた。

山口司令官は器量が大きく、かつ積極的な人物で、航空関係者の信望を集めていた。生きていて欲しい人ほど責任感が強く、自決の道を選んだ。日本海軍は惜しい人物を失った。

連合艦隊の宇垣参謀長は、山口司令官と海軍兵学校四〇期の同期生だった。

宇垣は日記『戦藻録』に、山口の死について次のように記述した。

六月六日

山口少将は剛毅果断《ごうきかだん》にして識見高く、潜水艦勤務を専務としたるが、後、聯合《れんごう》艦隊先任参謀、大学校教官、米国駐在、第二聯合航空隊司令官等を歴任し、現職に在る事二年有半なり。余の級中、最も優秀の人傑を失うものなり。

けだし蒼龍先に沈み、航空艦隊中唯一の空母として奮戦、逆に敵空母二を仕留めたるも、飛龍自らもまた刀折れ矢尽きて遂に沈没するに至る。司令官の責任を重んじ、ここに従容として艦と運命を共にせり。その職責に殉ずる崇高の精神、正に至高にしてたとゆる物なし。

ミッドウェー海戦における山口司令官の活躍は、日本海軍の歴史に燦然《さんぜん》と輝くものだった。南雲司令長官、草鹿参謀長が生還していたので、山口の行為はなおさら世の注目を集めた。

一喜一憂

前述の日本映画社の牧島カメラマンは、このとき軽巡「長良」に乗って「飛龍」を追い続けていた。

「飛龍」は、オンボロの「長良」に避難した「赤城」乗組員たちの希望の星だった。無線を傍受し、「飛龍」の状況が刻々「長良」にも入ってくる。

それを聞いて皆が一喜一憂《いっきいちゆう》した。

指揮官・友永大尉が矢のように突進したとか、友永大尉機はミッドウェー攻撃のとき、左燃料タンクをやられたが、修理の暇がなく片道の燃料しか積めなかったなどという話が伝わってくると、涙ぐむ人も多かった。

牧島は艦橋へ上がってみた。

「敵の空母はたいへんな陣形を作っているらしいよ」

と参謀たちが話しているのを聞いた。

空母を中心に巡洋艦と駆逐艦がそれを取り囲んで、小さな輪形陣を作っているというのだった。それぞれの輪形陣同士はかなり距離が離れていた。

このような陣形だと、攻撃は大変かもしれないと牧島は思った。日本の空母は護衛する艦との連携が悪かった。

米軍の方が合理的だと牧島は感じた。

牧島は士官室に入って、昼食をすませると、ひとりでソファーの上に横になった。そして目を閉じていると、

「オイ、飛龍が敵の空母を二隻やっつけたぞッ」

といって、いっしょに逃げてきた歯科医が、叫びながら部屋に入ってきた。

「第一次攻撃と、第二次攻撃で、一隻ずつやっつけたんだ。もう残りは一隻か二隻だろうと、司令部は喜んでいるよ」

と歯科医はいった。

初めから飛行機を飛ばしていれば、完全勝利ではなかったのか。牧島は皆の悔しい気持ち

が理解できた。

「飛龍バンザイ、バンザイ」

という声が、あちらからもこちらからも聞こえた。

士官も兵隊も、急に元気のいい顔になって叫んだ。しかし牧島は本当だろうかとつぶやいた。これまで散々、偽の戦果に騙されてきたからだった。

対空戦闘のラッパが鳴りわたった。「長良」はジグザグコースをとりながら機銃を撃ちはじめたが、敵機はこんなボロ船には目もくれず、一団となって「飛龍」に襲いかかっていった。

牧島はもう見ていられなかった。敵空母艦載機の全機が、残る「飛龍」に殺到している。思わず目をつぶった。

ふたたび目をあけたとき、「飛龍」は狂気のように黒煙を吐いて走っていた。

「長良」は「飛龍」のあとを追って走った。

「人間はいないか」

「泳いでいる者はいないか」

しかし人間らしい姿は、どこにも見当たらなかった。二、三十分もすると「飛龍」の速力は次第に衰えてやがて動かなくなった。

もう、全艦火の海だった。

またしても、対空戦闘のラッパが鳴りわたった。

見上げると、夕陽を浴びて四発の大型機が飛んでいた。空の要塞ボーイングB17の編隊だった。彼らは南雲機動部隊には、もう飛行機がなくなってしまったことを知っていて、ゆうゆうと低空で飛んでくる。

今度は、最新鋭の巡洋艦「利根」をねらって爆弾の雨を降らせた。「利根」は黒煙に包まれてしまったが、しばらくすると、煙の中から走りだした。

続いて、またひとつの編隊が現れて今度は戦艦をねらって爆撃をはじめた。各艦は、右往左往して逃げ回った。「長良」からは、かなり離れた距離になったので、こちらは何の被害もなかった。

やがて、太平洋に大きな落日がきた。

寝苦しい一夜が明けると何事もなかったように、朝がふたたび、すがすがしくよみがえった。見わたすと海上には、味方の艦影は一隻もなかった。

動いているのは「長良」ただ一隻だった。司令部の松山中尉が沈痛な表情でいった。

「赤城もとうとう沈んだ。今朝まで浮いていたが、山本長官は処分を命じたんだ。それで護衛の駆逐艦が魚雷で沈めた」

「飛龍はどうしましたか」

「飛龍も沈んだ」

「山口多聞少将はどうされましたか」

「山口少将は艦長とともに艦に残った」

牧島は黙ってうなずいた。牧島はいった。

「山口少将は偉い人だった。今度の作戦について堂々と反対意見を述べたのは、あの人だけだった。次の連合艦隊司令長官になるべき人だった。惜しい人を失ってしまった」

皆、黙って牧島のいうことを聞いていた。

重苦しい沈黙が続いた。

夕方、甲板を歩いていると、参謀の吉岡少佐と雀部《ささべ》少佐が立ち話をしていた。

「まったく、バカなことをやったものだ、味方同士ぶつかるとは……」

何かあったな、と牧島は思って、吉岡少佐がひとりになった時に聞いてみた。

「陸軍部隊を護衛していた七戦隊の三隈《みくま》と最上《もがみ》が、昨夜敵潜水艦の攻撃をさけるため動き回っている間に、ガチャンとぶっつけてしまったんだ。一方は艦首が折れる、一方は横っ腹に穴をあけられるしさ。それを今朝、敵機に発見されて、めちゃめちゃに爆撃され、三隈の方は沈没さ」

「そうですか」

牧島は、いよいよもって、連合艦隊はおしまいだと思った。

第五章　膨大な犠牲者

三〇五七人

一体、このミッドウェー海戦で何人が戦死したのか。

澤地《さわち》久枝《ひさえ》『記録ミッドウェー海戦』（文藝春秋）に戦死者の数がでている。

靖国神社の合祀《ごうし》記録と照合し、各戦友会がもっている戦死者名簿、さらに独自の調査で、日本軍の戦死者は三〇五七人と割りだした。これもさらにふえる見込みとあった。

澤地は大作『滄海《うみ》よ眠れ』（文藝春秋）を書き、それの姉妹編として戦死者を追跡し、米軍を含めると全体で三四一九人（そしてさらに何人か）であることをつき止めた。

米軍の戦死者は全体の一割の三六二人だった。

この数字から見ても日本海軍は完敗だった。

澤地の作業は死者の生年月日、出身地、所属、階級、入隊年月日、入隊の形態、死亡年月日、戦死当時の遺族代表、搭乗員区分、養成コース、機種まで分かる綿密なもので、その作業は大変なものだった。

戦死者は艦種ごとに見ると、次のようになっていた。

日本海軍

空母「赤城」	二六七人
空母「加賀」	八一一人
空母「飛龍」	三九二人
空母「蒼龍」	七一一人
重巡「三隈」	七〇〇人
重巡「最上」	九二人
重巡「筑摩」	三人
重巡「利根」	二人
駆逐艦「谷風」	一一人
駆逐艦「朝潮」	二二人
駆逐艦「荒潮」	三五人
駆逐艦「嵐」	一人
駆逐艦「風雲」	一人
給油艦「あけぼの丸」	一〇人

計　三〇五七人

米国海軍

空母「ヨークタウン」	八六人
空母「ホーネット」	五三人
空母「エンタープライズ」	四四人
駆逐艦「ハマン」	八四人
駆逐艦「ベナム」	一人
空母「ホーネット」味方機による被弾	三人
ミッドウェー基地	八人
海兵隊	四六人
陸軍航空隊	二六人
ハワイ基地所属航空機	一一人
計	三六二人

南雲機動部隊の空母で、戦死者の比率がもっとも高かったのは「蒼龍」である。戦死者七一一人は、乗員一一〇三人に対して六四・五パーセントという高い比率だった。ついで「加賀」は一七〇七人中八一一人、四七・五パーセント。以下「飛龍」三五・五パ

ーセント、「赤城」二六・四パーセントだった。

年齢は十九歳から二十七歳が圧倒的に多かった。

出身地は鹿児島、福岡が多く、以下、熊本、愛知、東京、広島、大分、愛媛などだった。東北は少なく、海軍は西、陸軍は東の傾向が強いことを示していた。

澤地久枝は「あとがき」で次の言葉を述べていた。

「ホーネット発進の雷撃機に乗っていたウィリアム・エバンズ少尉は二十三歳。サン・テクジュペリに心酔していたという。敵味方としていのちを奪いあい、ひとつ海へ沈んだ男たちは、語りあうべき多くの人生をもちながら、たがいに知ることなく、故郷へ還る日のない永遠の眠りをともに眠る。

この仕事はわたしにはあまりにも荷が重すぎ、よろけるほどであった。しかもこれで完結というわけにはゆかず、生涯の課題としてより正確な資料をのこす努力をつづけなければならない。（中略）

人のいのちの重さについて、そのいのちがいかに軽く扱われるかということについてのわたしの思いは、敗戦後の満州生活からはじまったかも知れない。

いつとはなくものかきの道を歩くことになったわたしのテーマが、歴史によって恣意的に選ばれ、歴史に翻弄され、死んで忘れられた人たちへと向いがちであったのは、わたしが生きてきた時間の帰結だったと思う。

かつての日本の社会は、個人のいのちの重さなど問題にしなかった。兵役法という強権で軍隊に召集はしても、どこでどのように死んだのかを確認する仕事は、国家の義務ではないようであった。天皇のために生命を捧げ得た名誉、靖国神社に神として祀られるほまれ。それが死者のいのちの重さの代償だったような気がする。いのちは軽かった」

これはきわめて重い言葉であった。

この超人的な努力によって我々は、ミッドウェー海戦の意味を知ることができるのだ。ただ感謝するほかはないと感じた。

空母喪失の状況

『戦史叢書ミッドウェー海戦』に収録されている戦闘詳報を読むと、南雲機動部隊の「赤城」「加賀」「蒼龍」「飛龍」の四空母ともに奇襲攻撃で沈没した。

この時期、米海軍はレーダーを実戦に持ち込んでおり、日本海軍の攻撃機を的確に把握して迎撃し、その多くを撃墜したが、日本海軍はレーダーの存在に気づかず、犠牲を増やしていった。奇襲攻撃の背景には、日本海軍と米海軍の技術力の差があった。以下、四空母の被弾の模様を見てみよう。

◆「赤城」

敵雷撃機一四機が北東方から二隊に分かれて接近してきたので、「赤城」は左に変針し、回避に気をとられていた時、現地時間午前十時二十六分ころ、艦橋の信号兵が「急降下三機ッ」と叫んだ。

上を見るとちょうど敵の一番機が爆弾を落とすところだった。不注意のため奇襲を受けてしまい、対空機銃も間に合わなかった。

一番機の爆弾は艦橋（「赤城」艦橋は左舷）の真横約一〇メートルの海上に落ちた至近弾だった。その爆発で艦橋は水をかぶり、舷側に損傷を受けて「赤城」はやや左に傾いた。

敵の二番機は勇敢にも低高度まで下がって爆弾を投下した。

爆弾が飛行甲板中央の中部昇降機の後縁に命中し、格納庫内で爆発した。

これが「赤城」の致命傷となった。

三番機の爆弾は飛行甲板左舷後部の縁に命中したが、これは大きな被害を与えなかった。

当時「赤城」は、甲板上で戦闘機が発艦準備を整え、その一部は発艦を開始し、そのうち一機は発艦を終わっていた。

格納庫内には艦上攻撃機、艦上爆撃機全機があり、次期攻撃のため燃料を満載し、魚雷、爆弾を装備中だった。このため艦攻から取りはずした八〇〇キロ爆弾がまだ格納庫内に残っており、これが爆発して庫内は大火災となり、魚雷や爆弾を誘爆させた。

青木艦長は弾薬庫、爆弾庫の注水を命じ、このあと格納庫の密閉消火装置である炭酸ガス消火装置の発動も命じた。

しかし右舷後部の主機械が故障し、速力が一二ノットに落ちた。さらに舵が故障し、機関も停止し、「赤城」は生ける屍と化した。

対空火器は高角砲の一部と最前部両舷にある第一、第二群の二五ミリ機銃だけしか使えなかった。

艦長は拡大する火災を防ぐため、「総員防火配置」を号令したが、火災はますます拡大した。艦長は機関科に消防ポンプの全力運転を命じたが、故障のため水はでなかった。

やがて飛行甲板の戦闘機が炎上をはじめ、艦橋に燃え移って艦橋設備が使えなくなり、無線通信も使用不能となった。

「赤城」は鎮火の見込みがなく通信も不能となったので、司令部は「長良」に移乗を始めた。

艦長は最後まで艦橋に残って指揮していたが、火災は拡大する一方で火勢は少しも衰えないので、鎮火の見込みは少ないと判断、負傷者と搭乗員に駆逐艦への移乗を命じた。

その直後、格納庫内の魚雷、爆弾が連続誘爆を始めて火勢は急に強くなり、艦長は上甲板前部の錨甲板に移って指揮を続けたが、やがて「赤城」は右回りに回頭を始めた。

艦長は機関科と連絡をとろうとしたが、機関科指揮所全滅の報告があった。

消火のため操舵装置に再度決死隊を送ったが、火勢のため到達できなかった。

艦内は焦熱地獄となり、鉄板は焼け、手を触れることもできない。

やがて「赤城」は航進が止まり、漂流を始めた。

駆逐艦から付近に敵潜水艦がいると知らせが入ったが、「赤城」はなんらなす術《すべ》がなかった。

艦長は、消火の見込みはまったくないと判断し、自力航行も不可能となったので午後七時二十分、艦を放棄し乗員を退去させることを決意し、乗員は駆逐艦「嵐」と「野分」に移乗を開始した。しかし艦長は甲板の柱に自分の体を縛り、艦と運命を共にする意思を示した。艦長の意を体して「嵐」に移乗した増田飛行長は、艦がなかなか沈まないので思い直して「赤城」に戻り、むりやり艦長を「嵐」に移した。これで、収容できる総員の収容を終わった。

このあと「赤城」は駆逐艦から発射された魚雷によって約二十分後に艦影を没した。その直後、爆発音があり、大きな水柱をあげ、五〇〇〇メートルの海底に沈んでいった。その姿に総員黙禱《もくとう》を捧げ、全員、涙が流れるのを禁じえなかった。

◆「加賀」

「加賀」も敵雷撃隊を回避中、突然、雲間から急降下する敵艦爆九機を発見した。直ちに右に転舵して対空砲火で反撃し、第一、第二、第三弾はかわしたが、第四弾は右舷後部に、第七、第八弾は前部昇降機付近に、第九弾は飛行甲板の中央部に命中し、全艦猛火に包まれた。

誘爆で艦橋も吹き飛び、艦長以下参謀全員が戦死した。

格納庫内の状況は「赤城」と同じであった。

飛行甲板には戦闘機があり、上空警戒機もあったが、一機も発進できなかった。

指揮をとったのは天谷飛行長で、全力を尽くして消火に努めたが、火勢が強く炭酸ガス消火装置を発動するのが間に合わず、また消防ポンプ系統も破壊されたため、ほとんど有効な消火作業ができなかった。

鎮火の見込みが立たないため飛行長は現地時間の午後一時二十五分ころ、御真影を駆逐艦「萩風」に移し、総員退去を決意した。しかし機関室は火災で通路がふさがり、総員退去を伝達できなかった。

総員退去中、敵潜水艦の魚雷三本が同艦に向かってくるのが認められた。そのうち二本は外れたが、一本はまっすぐ艦の中央に向かってきた。幸い魚雷は艦底を通過したため不発だった。

午後七時二十五分に「加賀」はガソリン庫に引火して大爆発を起こし、その直後に沈没した。戦死者は艦長以下約八〇〇人に及び、機関科の兵は大半が戦死した。

悲惨な最期だった。

◆「蒼龍」

同艦も敵雷撃隊の回避に気をとられていた時、敵急降下爆撃機一二、三機の奇襲を受けた。味方の対空砲火が間に合わず、三発の爆弾が命中し、たちまち大火災となった。

当時、格納庫内は燃料を満載した飛行機や爆弾、魚雷で一杯になっていた。飛行甲板も上空警戒機の発艦準備を終わり、まさに発艦しようとしていた。また戦闘機の一部が次期攻撃準備をしていた。

これらの飛行機や爆弾、魚雷はもちろん、高角砲弾や対空機銃弾までもが誘爆を起こし、見る間に火焔は全艦に拡がった。そのうちに左舷中部付近から蒸気を猛烈に噴きだして、主機械は全部停止した。

艦長は、既に全艦火焔に包まれて消火の見込みがないと判断し、午前十時四十五分、総員退去を命じた。

副長以下士官は残って消火に努めたが、大誘爆が起こって海面に投げ出されて戦死した。柳本艦長は火傷を負っていたが、艦橋右舷の信号台に立ち全艦の指揮をとった。

部下は再三にわたり安全な区域に移るよう、また退艦するよう艦長を説得したが、断固としてこれをしりぞけ、「万歳」を連呼しながら壮烈な戦死を遂げた。

「蒼龍」は午後七時十五分に沈没をはじめ、水中で大爆発を起こし、海底に没した。

戦死者は七〇〇人を超えた。

◆「飛龍」

僚艦三艦が被爆した際、「飛龍」は幸いにも敵機の攻撃を受けず反撃に転じ、大いに奮戦した。さらに第三次攻撃をしばらく待って薄暮に行なおうとし、乗員に夕食を摂らせていた最中に敵艦爆一三機が太陽を背にして急降下し、奇襲攻撃を受けた。

零戦六機が果敢に立ち向かい、敵機を一機撃墜したが、上空警戒は手薄だったので、一三機の爆撃機には対応できなかった。

「飛龍」は転舵し、最初の爆弾は避けることができたが、続く爆撃機は「飛龍」の転舵にあわせて照準を修正したので、爆弾は命中しはじめた。

「飛龍」の戦闘機は、着艦する空母がなくなったので、敵機を追いかけ、「ヨークタウン」の爆撃機二機を撃墜した。

「飛龍」への命中弾数は四発で、最初の命中弾は前部昇降機にあたり、その昇降機が吹き飛ばされて艦橋にあたった。飛行甲板は見るも無残に破壊された。

同艦は当時、薄暮攻撃のため先行する艦偵が発艦準備を終わっていた。艦内は前の三艦と異なり、飛行機の数はきわめて少なく、この点はよかった。しかし格納庫内でやはり爆弾、魚雷が誘爆して損害を大きくしていった。

それでも同艦は速力を保ち、操艦も可能だったので、周囲には駆逐艦四隻が接近して消火に協力し、一時は二八ノットをだすことができた。

「火災さえ消せば内地まで回航できる」

と消火に努めたが、消火栓からはまったく水が出ず、バケツを綱で吊るして海面から水をとるような状況で、消火は困難だった。

やがて艦は浸水のため次第に傾斜を増し、左一五度に及んだ。

そしてふたたび誘爆が起こり、加来艦長は山口司令官の許可を得て総員に退去を命じた。ここでも機関科員には伝達できず、犠牲者を増やす結果となった。

生死の分かれ

戦場における生と死は紙一重だった。

『証言・ミッドウェー海戦』（光人社）に、貴重な証言の数々が掲載されている。

「蒼龍」機関科電気分隊、海軍上等機曹・小俣定雄は待機所で戦闘待機していた。

機関は甲板の下なので、いったい上でなにが起こっているのか、やきもきしていた。

突然、ズシーンという音とともに、艦が激しく揺れた。

「爆弾だッ」

と思った。続いてズシーン、ズシーンと三発の爆弾が落ちた。

相当の被害であることは、揺れ方で分かった。

まもなく艦内の電気が消えた。

伝令が電話にかじりついて主管制盤に被害箇所を知らせるよう連絡をとったが、まったく応答がない。小俣は甲板にでようと、真っ暗な通路に飛びだした。

下甲板の防水扉はすべて密閉されているので、思うように動けない。

誘爆が激しく火災が発生しているようだ。火の手が見える。しかし消火しようにも電気が止まったためポンプが動かない。

なんとか脱出しなければ命はない。必死に通路を捜した。

暗闇のなかで足に抱き付く人がいた。先輩の小貫兵長だった。兵長は左足を骨折していた。抱きかかえながら必死の思いで後甲板にでた。海面を見ると多くの人が脱出して、浮流物につかまり必死に泳いでいる。

「蒼龍」は沈むのか、全身が震えた。

凄い火災である。ガソリンに引火したのだろう。火はますます激しくなる。

海に飛び込むにしても小貫兵長を抱えてどうにもならない。

目の前の厚さ一〇センチの鉄片が、真っ赤に燃えてアメのように曲がっている。

もう熱くてどうにもならない。

小俣は意を決して兵長を抱えて海に飛び込んだ。

幸運にも大きな板が流れてきて、これにつかまることができた。

二人はそれから七時間、漂流した。

小貫兵長は、かつてボートを漕いでいただけに体力があり、長時間の漂流に耐え、駆逐艦「磯風《いそかぜ》」に救助された。あまりにも多数の人が海に投げだされたため、駆逐艦も救助に時間がかかり、その間に大勢の人が海に沈んでいった。

しかし小貫兵長も出血多量で翌朝、死亡した。

彼は臨終の際、自分の時計を同じく救助された清水武兵曹に渡し、遺品として妻に渡してくれるよう頼んで息を引き取った。

小俣は涙ながらにこの場面を見つめた。

「蒼龍」の機関科員は三百余人だったが、生存者はわずか二十数人だった。

吹き飛ぶ甲板

次は「加賀」の一等飛行兵曹・松山政人の証言である。ミッドウェー基地の攻撃から戻ると、索敵機から敵機動部隊発見の知らせがあった。松山にも雷撃用意の命令が下った。松山は急いで甲板下の格納庫に駆け付け、愛機に魚雷を装備した。兵装転換は搭乗員も必死で行なった。

この間、次々と敵の飛行機が飛来した。気が気でない。一刻も早く飛び出さなければ、やられてしまう。

装備を終えた飛行機を甲板に上げる時だった。ドガンと轟音がして飛行機を吊り上げる後部リフトが破壊された。たちまち誘爆が起こり、天地を揺るがす大轟音とともに、「加賀」の飛行甲板が吹き飛び、艦内はめちゃめちゃに破壊された。飛行機はバラバラに吹き飛び、松山はすべて終わりだと感じた。

格納庫の爆煙のなかでごそ這い回っている者、倒れたきり動かない者。松山はしばらく呆然としていたが、段々意識が戻り、生きることへの執着がよみがえった。

外にでると、はるか彼方に黒煙をあげる「赤城」の姿があった。

周囲の海上には浮き沈みする人影が無数にあった。

救助にまわるボートも見えた。

松山は泳ぎには自信があったので、後部甲板から七、八メートル下の海に飛び込んだ。無我夢中で泳ぎ、駆逐艦に向かった。

板きれや丸太に摑まっている人を大勢見た。松山は一時間ほど泳いで駆逐艦にたどりつき、救助された。駆逐艦は救助者で満杯で、これ以上は収容できないと、ほどなく救助は打ち切られた。

必死に泳がなければ、助けてはもらえなかった。危ないところだった。

戦場は非情だった。負け戦はとくに悲惨だった。

松山は最初の一撃は爆弾ではなく、米軍の飛行機が甲板にぶつかったせいだと聞いた。撃ち落とされた飛行機かもしれなかった。

「飛龍」機関科員の脱出

「飛龍」にはもうひとつの悲劇があった。

前にも述べたように、大勢の機関科員が、機関室に取り残されていたのである。

退艦命令が伝わらなかった者や、所在位置から脱出できなかった乗員たちだった。

他の三艦にもこのような乗員が多かったと察せられるが、これらの艦はすぐ沈没したので艦と運命を共にしたものと思われた。

「飛龍」は放棄されてから沈没までに若干の時間があった。そのため一部のものが機関室からの脱出に成功し、甲板にでて索敵機に手をふった。しかし救助の駆逐艦は現われず、ボートで漂流中の六月二十日、米水上機母艦「バラード」に救助収容された。

機関長付の萬代久男機関少尉の手記を読むと、被爆時、萬代は機械分隊長として機関科指揮所で指揮をとっていた。

「飛龍」はたちまち大火災となり、機械室の給気装置から煙と火焔が入り、息もつけない状態になった。二時間後には艦橋との電話連絡もとだえた。

機械室の天井は赤く焼け、熱気と煙のため焦熱地獄のようだった。

そののち、たがねで壁に人がでられるような孔を作ることができ、生存者一同その孔から脱出して、飛行甲板前部に達することができた。

脱出できたのは四つの機械室のうち三室分の数十人で、その約三分の一は別の経路で後部上甲板に集まっていた。

その間「巻雲」が発射した魚雷が命中し、艦に大きな震動があった。

飛行甲板には既に整備兵一人と機関兵四人がいた。

その人々の報告によると、飛行甲板に上ったとき駆逐艦が現場を離れて行くところであった。これを呼び戻そうとしてマストに昇って灯火で信号したが、モールス符号を知らないので目的を達することができなかった。

「巻雲」では山口司令官や加来艦長が別れの信号を発しているものと思った。

朝方、複葉の日本軍艦上機が「飛龍」に近付いて偵察していった。

これによって近くにわが主力部隊がいることが分かり、一同は救助される見込みがあると喜んだ。そこで機関長はボートで脱出して救助を待つこととし、一同を短艇甲板に集めた。

約七〇人ぐらいであった。右舷にカッターが降ろされたが、全員が乗れないので、甲板にあったランチを降ろすことにした。

動力がないので人力でこれを甲板の縁まで出したところで、艦は沈みはじめ危険な状態となった。機関長は退避を命じ、一同海に飛び込んだ。その際、右舷に逃れたものはカッターに乗れたが、左舷に逃れたものは艦が左に倒れて沈没したため、そこに巻き込まれ一人も救助できなかった。

右と左が生死を分けた。

すべて紙一重だった。

カッターに乗れたのは三九人だった。

脱出後、十二日と十三日目に米軍大型機に発見され、十五日目に前述の米水上機母艦「バラード」が来て収容されたのである。

「バラード」は旧駆逐艦を改装したもので乗員は約一二〇人、当方は途中で四人が亡くなったが三五人いたので急襲すれば捕獲も可能と考え、全員の襲撃部署を定めた。ところが「バラード」の艦長は自殺を防ぐためといって下士官兵に手錠をかけた。これで襲撃は不可能となった。

同艦に収容されたのち、また一人死亡した。

結局三四人が捕虜となった。

こうして萬代らは戦後、帰国することができた。

奇跡の生還

「蒼龍」戦闘機分隊長・藤田怡与蔵少佐は、次々と襲ってくる敵の雷撃機と戦っていた。

その最中に、味方空母から撃ち出した機銃弾が、自分の戦闘機の横腹に当たった。空母も必死に戦っているので、こうした事故は避けがたいことだった。

煙がでたと思うと、真っ赤な炎が噴きだした。もはや不時着しかない。

下を見ると巡洋艦「神通《じんつう》」が走っていた。

落下傘降下を決断した。風防を開いて身を乗り出したが、頭を押されてでられない。

風防に足をかけて転がり落ちた。

高度二〇〇メートル、なかなか落下傘が開かない。

落下傘のひもを両手で、思い切り引っ張った。やっと落下傘が開き、次の瞬間、海に落ちていた。体がいったん海に沈んだ。訓練を受けていたので、慌てることはない。紐を海中ではずし、海面に浮かびでた。

巡洋艦はこちらに気づかず走り去ってしまい、藤田はポツンと海に取り残されてしまった。

はるか水平線に煙が見えた。そこまで泳いでいくしかない。飛行帽をぬぎ捨てた。

飛行靴も靴下も捨てた。手袋も捨てた。

身軽にならないと泳げない。

今度はサメが気になった。

サメは長いものは襲わないと聞いていたので、マフラーを腰に結びつけて長くたらした。

どうみても水平線まで二〇カイリ（約三七キロ）はある。泳いで二十四時間はかかると思われた。

海軍兵学校時代、一〇カイリを十二時間で泳いだ。倍はかかる。

藤田はゆっくりと泳いだ。

素人ではこうはいかない。さすがは海兵の出身者だった。

腹が減ってたまらない。我慢しながら泳いでいると、なんと燃えさかる空母「赤城」が一〇〇〇メートルの距離にあった。こちらに動いてきたのだった。何という幸運だろう。

駆逐艦「野分」が、藤田に気づいてくれた。

ところが、機銃をこちらに向けている。米軍パイロットと間違えているのだ。撃たれたらお終いである。

「ワレ、ソウリュウシカン」

と手旗信号を送ると、機銃が上を向き、救助に来てくれた。

四時間で救助されたのは奇跡だった。

空母「蒼龍」もやられたことを知り、呆然として口も利けなかった。幸い、海兵の同期生が二人いたので便宜をはかってもらい、生きた実感を味わった。自分は助かったが、救助されずに見捨てられた人々を思うと、藤田は胸が張り裂ける思いだった。

第六章　誰の責任か

旗艦「大和」

ミッドウェー海戦の日、海軍二等兵曹・近江《このえ》兵治郎《へいじろう》は、山本長官付従兵長として、山本のそばにいた。

近江は秋田県平鹿郡福地村の生まれで、高等小学校高等科を卒業後、横須賀海兵団に入団、各種艦艇に乗り組み、戦艦「長門《ながと》」時代から山本の従兵を務めた。

近江は三十一歳、古参の下士官だった。

長官室には参謀長や参謀がしばしば呼びだされた。

ミッドウェー海戦に賭ける山本の気迫は凄かった。

「航空参謀、長官がお呼びです」

「通信参謀、長官がお呼びです」

近江は、長官室や作戦室を何回となく往復した。

ドゥーリトル空襲で、敵空母「ホーネット」に本土攻撃を許した恨みをミッドウェー作戦で晴らすべく、なんとしても勝利したいと山本長官は気概をみなぎらせていた。

「従兵長、長官にうまい夜食を頼む」

　夜分、参謀からこう申し付けられ、コックに食事を作らせて運んだこともあった。

「大和」の艦内は楽観ムードにあふれていた。

敵空母部隊がでてきているという電波を傍受したとき、山本は、

「やはりいたか」

　と笑みを浮かべ、参謀たちも余裕の表情だった。

参謀長の宇垣はこれで勝ったといわんばかりのニコニコ顔だった。

「どうだ、すぐやれと赤城にいわんでもよいか」

　と山本が黒島首席参謀にいった。すると前述のように黒島が、

「機動部隊に搭載機の半数を艦船攻撃に待機させるよう指導してあるし、参謀長口達でもこれをやかましく述べているのですから、いまさらいわないでもよいと思います」

　と答えた。

「赤城も傍受しているでしょう」

佐々木航空参謀も同じ発言をした。

しかし南雲も草鹿もなにも知らずにいた。

山本も気の毒だった。参謀たちはそろいもそろって、このような楽観的な発言を繰り返し、

とんでもない間違いを引き起こしてしまったからである。

近江は終生、このことを残念に思った。

将棋盤

山本は将棋盤を引き出して、渡辺戦務参謀を相手に将棋を指し始めた。

顔色を変えた司令部暗号長が、電報持参で入ってきたのはこの時だった。

暗号長は、解読した暗号文を急ぎ読み上げた。

「赤城被害大にして総員退去」

暗号長は報告を終えると、いったんもと来た方へそのまま戻っていったが、しばらくすると再び報告に走ってきた。

今度は「加賀」の悲報が伝えられた。

近江が見た山本は少しも動ずることなく、見た目には泰然自若《たいぜんじじゃく》とした姿だった。

「ほう、またやられたか」

山本の口から発せられたのは、意外な言葉だった。

この間、戦務参謀との将棋を中断することはなかった。

近江は大変なことになったとうろたえた。

山本はこの時、将棋盤を蹴飛ばして、周囲の参謀たちを怒鳴りたい気持ちだったに違いない。

勝たねばならない戦いをひどい形で落としてしまったのだ。

「ばかやろう、なんだお前らは。すべて問題なしといっていたではないか、一体、どうなったのだッ」

そういいたかったであろう。

それがなぜ、こうも落ちついていられたのか、近江は不思議だった。参謀たちのいうことを信じた自分自身を自嘲し、怒鳴る気力も失ったのか。

この時の山本の心境は謎だった。

やがて山本の顔はこころなしか、近江には青ざめて見えた。

あまりにも気の毒で、顔を見ることができなかった。

それから山本は、

「今度も南雲は帰ってくるよ」

とポツンといった。

敗北の責任をとって自決することもなく、敵空母を追撃するわけでもなく、のこのこ帰ってくるよ、という意味にとれた。

参謀たちは、一言もなく青ざめたまま立ちつくしていた。

近江兵治郎の『連合艦隊司令長官山本五十六とその参謀たち』（テイ・アイ・エス）も貴重な資料である。

参謀たちの責任

連合艦隊参謀たちは取り返すことのできない誤りを犯した。

黒島と佐々木は、南雲機動部隊ともっと緻密に対応すべきだった。

現代史家・秦郁彦《はたいくひこ》の『昭和史の軍人たち』（文藝春秋）を読むと、黒島は失脚することなく、その後も海軍の中枢部にいた。責任をとった人が皆無《かいむ》だった。こんな組織があるのだろうか。

黒島は山本の死後は軍令部第二部長の要職にあった。

黒島の最後の作戦は一億玉砕論だった。

ジェット戦闘機「橘花《きっか》」一〇〇〇機、豆潜水艦、フロッグマン一万人をつくり、ダットサン、自転車による爆弾体当たりを行なうという奇想天外な戦法だった。

フロッグマンに至っては水兵が潜水服を着て海底を歩き、水深二〇メートルまでの浅海に停泊する米艦船を下から棒の先につけた爆弾で突き上げるという幼稚な発想だった。

「防禦網をはられたらモチ網にひっかかった昆虫と同じ運命になったはずで、とても正気の沙汰とはおもえない」

と秦がいったが、山本はなぜこのような人物に全幅の信頼をおき、山本自身の指導性を失ってしまったのか。

ミッドウェー海戦は、信じがたいことの連続だった。

山本の詰めの甘さが、この惨敗の原因になったことは、否《いな》めない事実だった。

参謀長の宇垣纏《うがきまとめ》にも責任があった。

南雲機動部隊が内地を出発する直前、機動部隊の草鹿参謀長が、「大和」に宇垣を訪ねてひとつ希望を述べた。

「赤城の無線兵器は貧弱です。大和がなにか敵の情報を得たときは、すぐに赤城に知らせてください」

と要望を出していたのだ。すると宇垣は「承知した」と答えた。しかし宇垣はこれを守らなかった。あとで草鹿に詰問されて謝ったが、時すでに遅しだった。

南雲機動部隊は、山本から「米空母攻撃」の訓令が入れば直ちに攻撃隊が発艦し、どんなに悪くとも相討ちになっていたはずだった。

山本は南雲機動部隊からの朗報を待ちわびていた。しかし南雲長官からなかなか敵部隊攻撃の報告がこないばかりでなく、攻撃隊発進の兆候も見えなかった。

「これはおかしい」

と不安を感じはじめた時、「空母三隻被弾」の電報が入った。

もはや立て直すことが困難な大惨事であり、山本は不安が的中したことを感じた。

普段通りやれば勝てるはずだった。だが人間はしばしば考えられない過ちを犯す。それが心配だった。

後から考えれば、自分が「大和」で出撃したことも失敗だった。柱島にいれば、遠慮せずに電波を出すことができた。

海軍にはもうひとつの組織があった。

作戦を指導する軍令部である。

軍令部総長（永野修身《おさみ》）は本来、連合艦隊司令長官の上に位置するのだが、山本をコントロールできる状況にはなかった。もともと連合艦隊は独立した色彩が強く、普段は東京ではなく広島の海におり、自由気ままに過ごしていた。

対する米軍のニミッツ提督は、ハワイで作戦指揮をとっていた。

山本がどうしても自身の出撃にこだわるなら、戦艦「大和」も先頭になって空母を護衛し、陣頭指揮すべきだった。

南雲機動部隊幹部の責任

もちろん、南雲司令長官の過ちも大きかった。

重巡「利根」の索敵機から敵部隊発見の無電を傍受したのは、現地時間の午前七時半である。

その後の交信は、

「巡洋艦五隻、駆逐艦五隻」

だった。

南雲はホッとした。その直後にふたたび無電が入った。

「敵はその後方に空母らしきもの一隻を伴う」

空母がいないと判断してミッドウェー島の空爆を行なったが、まったく間違っていたことが明らかになった。

この時点で、南雲は敵空母攻撃に全力を尽くすべきだった。的確に反応したのは、「たとえ陸用の爆弾でも、すぐ攻撃に向かうべし」と打電してきた第二航空戦隊司令官の山口多聞少将だった。これはもっとも正しい判断だった、しかし南雲と草鹿はこれを無視した。

これが南雲機動部隊の大敗北を決定づけた。

なぜ山口司令官の意見具申を取り上げなかったのか。

なぜ攻撃機の兵装を何度も換えたのか。

山口が自決したというのに南雲と草鹿は、なぜのこのこと生き残っているのか。

口にはださなかったが、大方の思いはこのようなものだった。

戦いは厳しいものである。将官にもっとも大事なことは勇気と決断だった。

南雲は水雷の専門家であり、航空には理解がなかった。しかし航空に理解があろうがなかろうが、機動部隊の責任はすべて南雲にあった。現場の司令長官にもっとも必要なことは、戦闘の推移を見通す見識と、卓越した統率であった。

連合艦隊の航空参謀を務めた奥宮正武《おくみやまさたけ》は、淵田美津雄との共著『ミッドウェー』（朝日ソノラマ）で南雲について「残念ながら航空戦への認識が浅かったために、無駄な兵装転換を行なって自滅した」と批評した。さらに「南雲中将は、その態度や言葉から受ける感じは、ブルドッグのようであるが、実は小心翼々《しょうしんよくよく》の人であった」とも記述した。

アメリカ機動部隊の猛将ハルゼー提督にみるような勝負度胸にも乏しかった。

年のせいもあった。

戦争はアブノーマルな世界であった。それに適する年齢もあると奥宮はいった。

五十歳をすぎて六十近くになると、分別くさくなって、蛮勇さに欠けてくる。こうなると
積極果敢な指揮はとれなかった。

また源田参謀が奥宮に次のようにもらしていた。

「いつでも自分が起案した命令案が、すらすら通ってしまう。抵抗がなくていいようなものだが、実は違う。自分だけの考えで起案したものが、いつも上の方でなんのチェックも受けずに、命令となって出ていくと思うと空恐ろしい。俺自身がいくらうぬぼれても、もちろん全知全能ではない。重大事項については、いろいろと判断が迷う。自分の判断ひとつで、国運が左右されるかもしれない影響を及ぼすと考えると、重大な責任感に圧迫されて、自然と萎縮してくる。これが大西瀧治郎少将や山口多聞少将あたりが上にいてくれると、必ずチェックして、あらゆる角度からたたき直して突っ返してくる。そうなるとこちらも安心して、自由奔放な作戦構想も練れるというものだ」（『ミッドウェー』朝日ソノラマ）

これも核心をついた発言だった。

敵空母を発見した時、

「ただちに攻撃隊の発進の要ありと認む」

といった山口司令官の具申を無視したことに、南雲の積極性のなさが明らかに見えた。この時も南雲は草鹿参謀長と、源田航空参謀の意見にしたがったまでだった。

いささか厳しい印象も持つのだが、奥宮の南雲評は核心を突くものだった。

「ミッドウェーの敗因を思い起こすと、南雲中将の作戦指導は、過誤の連続である。これは南雲中将自身の性格と能力に起因するものと私は考える。幕僚に有能な者がそろっている。しかし幕僚は幕僚であって、おのおのその所管事項に追われる事務幕僚に過ぎない。これらを掌握し一段と高所から全局の動きを見通しているのは、一人長官自身でなければならない。そしてその時、長官として必要なのは、戦闘の推移を見通す見識と統率である。この二つをともに欠いていたと見受けられる」

それはたしかだった。

野狐禅

南雲は最終判断を他人まかせだった。南雲を大きく誤らせた草鹿参謀長、この人には「野《や》狐《こ》禅《ぜん》」という批評があった。野狐禅とはなまかじりの癖に、悟ったようにうぬぼれていることをいった。

飛行隊長の淵田美津雄は、草鹿が嫌いだった。飛行機を飛ばしたことがないくせに、分かっているようなことをいう。そこが大嫌いだった。

草鹿は仕方がないとして、「源田はどうしたんだ」という声も強くあった。

航空参謀として、もちろん責任をとるべき立場にあった。

当時、南雲部隊を「源田艦隊」と呼ぶ人もいたほどで、山口の意見を容れて、もし源田が「即出撃」と主張すれば、「飛龍」から攻撃隊は発進するはずだった。

なぜ源田は拒んだのか。

源田の考えはこうだった。

格納庫では爆弾を魚雷に再転換する作業が続いている。上空にはミッドウェー基地の攻撃から帰ってきた飛行機が、燃料切れ寸前で着艦を求めている。

「私の目の前には、真珠湾作戦の準備以来、あるいは日華事変開始以来、ともに闘い、ともに喜び、ともに泣いた戦友の顔が浮かんだ。それらの人々の燃料がなくなった。不時着水して駆逐艦に助けてもらえとはいえなかった」

と語った。

こういう場合、どうするか。日本海軍には、もちろんマニュアルはなかった。

まったく経験したことのない事態だった。

結果として源田の判断が甘かった。

ミッドウェー基地攻撃隊を収容して、それから米空母攻撃隊をだす穏健な策を源田は選んだ。

目の前の友を切り捨てる非情さを、源田は持ち得なかったことになる。

源田は仲間を救おうとして、全体をぶち壊した。

敵将スプルーアンスは南雲機動部隊発見の報を聞くや、参謀たちから味方と敵の位置について距離と方角を聞き、それを自分の航跡図に書き込み、敵味方の距離を書き込み、その距離が一七五カイリ（約三二〇キロ）と知るや、難しい状況だったが、

「攻撃開始ッ」

と命令をくだした。

これで南雲機動部隊の運命は決まった。

唯一の戦果は、「飛龍」の攻撃で漂流する米空母「ヨークタウン」を「伊百六十八」潜水艦が雷撃に成功し、これを沈没させたことだった。しかし正規空母四隻の沈没で、連合艦隊ははかり知れない打撃を受けた。以後、日本海軍は立ち直れなかった。

草鹿のいい分

参謀長の草鹿龍之介は戦後、「この責任は南雲長官にある」と発言した。

昭和二十四年十月号の『文藝春秋』で、次のように語った。

午前五時（日本時間）ごろ「ミッドウェーから二四〇マイル、針路一五〇度、速力二〇ノットの敵らしきもの一〇隻みゆ」という電報が入った。（中略）

この一電はわれ等を愕然《がくぜん》とさせた。しかし「敵らしきもの一〇隻」というだけで、航空母艦とはいっていない。ともあれ「直ちに艦種知らせ」と言ってやった。折返して「敵は巡洋艦五隻、駆逐艦五隻なり」と来た。よし、巡洋艦五隻だけで、航空母艦はおらんのだな、と

思っておった。

続いて五時半ごろ「敵はその後方に空母らしきものを伴う」と来た。また「らしき」と来たわけで、空母がいるのかなあと思っていると、「敵は更に巡洋艦二隻みゆ」と報告された。

ここで初めて、これは大部隊だ。撃とう、ということになったのである。

しかし問題はここにある。これがもう少し早く、第二次ミッドウェー攻撃を決意する以前に発見されていたならば、艦隊攻撃のために待機していた優秀部隊が直ちに発艦して、あわよくば戦勢を逆転したであろうが、時機すでに遅かった。

すでに魚雷をおろして陸用爆弾に替えている最中であり、戦闘機隊は来襲敵機と上空で渡り合っている最中である。いま使えるのは急降下爆撃の三六機だけである。兵は拙速を尚《たっと》ぶのであるから、それだけでも出せばよいようなものの、戦闘機に護られない爆撃機がいかに悲惨な目に遭うものであるかを、全員がよく知っている。珊瑚海海戦においては、これを敵味方ともに充分経験したし、インド洋海戦においては敵方が苦しむのを眺めていた。（中略）ミッドウェーでも、ミッドウェー基地から来る敵機が、戦闘機を連れていないために、多数墜《おと》された。われわれはそれを目の前に見ている。

その戦闘機は上空にいるから、これを一度着艦させて、燃料を積んでからゆかせる必要がある。そうしようということになった。そこへ上空にはミッドウェー空襲部隊が帰って来て、早く収容してくれといって、旋回しながら待っている。事態はいよいよ急である。

しからば、この時どうすることが一番よかったであろうか。結果論のようではあるが、私は戦闘機なしでも出すべきであったと思う。陸用爆弾では兵装としては充分でないが、甲板へ一つ命中させても、八百キロ爆弾ならば母艦の発着甲板を使用不能にするくらいの効果は充分ある。

しかし南雲長官は、戦闘機なしでは出してならぬ(という)。

その結果は今われわれが目前に見た通りである。

草鹿は南雲の裁断に誤りがあったと述べた。

これはおかしい話であった。

南雲は自分では決断しない人であり、端的にいえば、草鹿に丸投げしていた。その草鹿が「非は南雲にある」といった。

戦後だから南雲はとうに自決している。死人に口なしである。

黒島激怒

これだけの大惨敗である。常識的にいえば南雲司令長官、草鹿参謀長は、厳しく叱責され降格処分のはずだった。連合艦隊の山本司令長官、宇垣参謀長、黒島首席参謀も処分の対象になるはずだった。しかし、事実は異なっていた。

南雲は六日午前九時ごろ、洋上で主力部隊と合同した。連合艦隊司令部から、「ただちに大和に出頭せられたし」

という命令を受けた。

当然、南雲長官以下幕僚が「大和」に向かい、謝罪し、弁明に努めたであろうと考えるのが普通である。私もそう思っていた。ところが事実は異なっていた。

南雲は意気消沈し、立つことさえ困難で軽巡「長良」に横たわっていた。

これを聞いて、「出頭には及ばず」と山本が配慮したに違いなかった。普通ならば南雲の姿が見えないことは、あり得ないことだった。これは推察の域を出ないが、艦橋は混乱し、正常な判断をしにくい状況に陥っていたのではなかろうか。

草鹿は自らの著作『連合艦隊の栄光と終焉』に、おおよそこのように書いている。

「六日午前九時ごろ、洋上で主力部隊に遭遇した。私は自ら大和に行き、親しく山本長官に戦況報告をしようと思った。山本長官は単独で私を長官室に引見された。私は戦闘の詳細を報告し、機動部隊が期待にそえなかったことは、我々一同の責任、まさに死に値する、できることなら現職のままいま一度陣頭に立たしていただきたく、長官の特別の斡旋をお願いする旨を述べた。

山本長官は終始黙々と聞いておられたが、その眼に涙が光るのを見て、私もまた涙が流れるのをどうすることもできなかった」

この光景はどう分析したらいいのだろうか。

草鹿が首席参謀の黒島に怒鳴られたことは一切、記述していないが間違いなく南雲の姿はなかった。

結局、出頭したのは草鹿参謀長、大石首席参謀、源田航空甲参謀、吉岡航空乙参謀の四人と副官だった。山本は黒島に対して、

「ミッドウェー敗戦の責任は私にある。南雲や草鹿を責めるな」

と釘をさしていた。

しかし草鹿らが「長良」からカッターに乗って「大和」にきたとき、首席参謀の黒島は眼をつりあげ、鬼のような顔になっていた。

山本にいわれたことは、どこかに消えていた。

彼らが下手なことをいおうものなら、艦橋でブッタ切ってやるような気持ちで、舷梯から登ってくる彼等をにらんでいた。

草鹿らが甲板にあがるや、黒島は怒鳴った。

「即時待機にしていた半数の飛行機はどうしたんだッ」

草鹿と大石は、

「済まなかった」

「済みませんでした」

と、ただひたすら謝った。それは弁解の余地のない失態だったからである。

自分は雷撃機を用意しておけと命じていたではないか。それを無視したのが我慢ならない。怒鳴りちらさなければ、黒島はどうにもこうにも腹の虫がおさまらなかったようだ。

草鹿は「赤城」から逃れるときに、足を怪我して杖をついていた。見るも哀れな姿だった。

副官の服は破れていた。

草鹿は少将である。対する黒島は大佐なので階級は下だったが、連合艦隊の首席参謀には目上を怒鳴る権威を持っていた。

ただしこれほど怒鳴るなら、黒島も南雲司令部に確認の通報を行なうべきだった。なまじっか「大和」が戦場に出てきたために十分な交信ができず、こうなったのではないか。お前の判断ミスが大きいのだ。

草鹿にも反論があったが、ここは沈黙するしかなかった。

お互いに、ひどく気まずい場面だった。

草鹿らは、まず参謀長の宇垣に会った。

「なんと申し上げていいか、いうべき言葉なし。まことに申しわけなし」

というのが草鹿の第一声だった。

このあと長官公室に移り、山本が四人から報告を聞いた。

山本の温情

草鹿の記述によれば、そのあと山本と草鹿が二人で話し合ったことになる。

草鹿は挽回のチャンスを山本に求めた。

山本は黙って聞いていた。それから、

「承知した」

といった。山本がこういわざるを得なかったのは、自分にも失敗があったせいだった。

「南雲長官の具合はどうか」

と山本が聞いた。

「心労が重なり、ふせっております」

「そうか」

山本はそれ以上のことはいわなかった。そして帰りぎわに、草鹿に次の一書を南雲長官に手渡すよう命じた。

「今次の戦果に関しては同憂の次第なるも、貴隊既往赫々《かくかく》たる戦績に比すれば、なお失うところ大なりとはせず、幸いに貴長官再起復讐の決意烈々たるを拝聞し、君国のため真に感激に堪えず。願わくば最善を尽くして貴艦隊の再編成を完了し、過去の神技に加えるに、今次の教訓を加え、一挙敵を覆滅するの大策を邁進せられんことを、切に貴官のご勇健を祈る」

という一文だった。

普通ならば「処分は追って伝える」というところだが、このような温情ある南雲への言葉となったのは、山本の人柄もあるだろうが、何度も述べるように山本自身の責任を認めたからだった。

山本が周辺に慕われ、「軍神」とあがめられるようになったのは、基本的に優しさがあったからだった。しかし、たとえば織田信長だったらどうだったろうか。草鹿は罵倒され、蹴《け》飛《と》ばされていたに違いない。ここはもっと厳しく叱るべきだった。

山本は温情がありすぎた。

黒島はこの海戦について後にこう書いている。

「ミッドウェー作戦を計画し強力に推進した首席参謀として、この失敗はどうしても諦めきれないものであった。手落ちがあったから失敗したのであって、これにはいろいろ意見もあると思うが、第一機動部隊の作戦指導で最も不可解に思ったことは、敵機動部隊に対し搭載機の半数は即時待機の態勢におくようにと、あれほどはっきり言っておいたのに、敵発見後二時間近くも攻撃隊が発進できなかったことである」

としながらも、

「四日夜、敵空母の呼び出し符号を傍受したとき、また五日敵空母発見の報があったとき、山本長官の注意のとおりにすれば、一航艦も十分警戒したろうし、また即刻攻撃を出したろう。まったく私の間違いであったと反省する」（『戦史叢書ミッドウェー海戦』）

とも語った。

連合艦隊参謀長の宇垣纒もまた大きな責任者の一人である。自分の日記『戦藻録』に、この日を次のようにまとめていた。

六月十日
航空部隊の整理再編成は目下何よりも緊急なり。

一航空艦隊司令部と協議の必要を認め、長良を大和の側に呼び幕僚の来艦を求む。

八時過来る者、足に小負傷の参謀長草鹿少将、大石先任参謀、源田航空参謀及副官なり。何れも黒服にて相当憔悴《しょうすい》の兆あり。

相見えての第一言は、

「何と申してよいか云うべき言葉なし、申訳なし」

もっともの次第なり。長官公室に下りて参謀長、先任参謀より報告を聴く。参謀長「大失策を演じ、おめおめ生きて帰れる身に非ざるも、只復讐の一念に馳られて生還せる次第なれば、如何か復讐出来る様取計って戴きたし」

長官簡単に「承知した」と力強く答へらる。

（両者ともに真実の言、百万言に優る）

これでは双方の態度に感動、感激したという傍観者の記述である。甘すぎるという印象はぬぐい切れなかった。

作戦の問題点

ミッドウェー海戦の惨敗は、南雲一人が負うべきものではない。最高司令官の山本五十六の采配にも幾多の問題があった。

飛行機の搭乗員たちが冷《ひや》やかに見ていたように、山本自身に大艦巨砲主義から脱しきれない事大主義があった。

のちに「大和ホテル」と呼ばれるようになった超豪華な戦艦「大和」に乗り、戦闘には無関係のはるか後方に鎮座し、結局は南雲の足を引っ張る結果となった。

惨敗の直接的責任は、むろん南雲長官の指導力と決断の欠如にあるが、連合艦隊司令部、「GF」の思い上がりと無為無策も大きかった。

『戦史叢書ミッドウェー海戦』に、作戦失敗の五つの原因が記述されている。

第一に情報戦の大敗である。

暗号が解読されていたことは決定的だった。

連合艦隊は、フレンチ・フリゲート礁で途中給油させて、飛行艇をハワイに飛ばそうとした。だが暗号解読でこのことを知った米国海軍は、水上艦艇を出して飛行艇の給油を阻止したので、ハワイ監視作戦もできなかった。

これに対して日本海軍は、米海軍の暗号を解読できずにいた。山本自身、日本の暗号が解読されているとは、夢にも思っていなかった。

南雲機動部隊がミッドウェーに向かい、基地を攻撃して初めて米軍は日本軍の奇襲に気づき、それから空母艦隊が迎撃のためにハワイを出港するだろう、という認識だった。

その後、敵の通信状況から米空母の出撃を察知したが、それも「大和」と「赤城」の連携はなく、索敵も不十分で、情報収集はことごとく失敗した。

調査の不備も目立った。ウエーキ環礁から飛行艇を飛ばしてハワイを探る案もあったが、飛ばそうと思ったら環礁が狭く、燃料を満載しては離水できなかった。

すべて初歩的なミスの連続だった。

第二に心の緩みである。

開戦以来、日本海軍は空母部隊について、絶対的な自信をもっていた。仮に状況判断に多少の誤りがあっても飛行隊は圧倒的な技量で敵機を撃墜し、空母がやられることはないと、慢心していた。

五月一日から、連合艦隊の旗艦「大和」で、ミッドウェー作戦の図上演習があったが、そこでは奇襲を前提に話し合われた。

席上、ミッドウェー基地攻撃の最中に、横合いから米機動部隊が現われたとき、どうなるかというシミュレーションがあった。

米軍の奇襲攻撃で、日本の機動部隊は大混乱に陥り、「赤城」と「加賀」が沈没するという結果がでた。

そのとき、海戦を判定する宇垣参謀長が、

「米軍の爆弾の威力を三分の一に減らす」

と奇妙な発言をして、「赤城」は沈没しないことになった。演習後、

「まったくばかげた話だ」

といったのは、淵田美津雄や村田重治ら飛行隊の面々だった。

淵田や村田は、実戦を知らない上層部のいい加減な判断に危惧を抱いた。

第三に、何度も繰り返しになるが山本自身の出撃である。

連合艦隊の旗艦が無線封鎖となったため、「大和」は無用の長物と化していた。このため、なんの目的で出撃したのか不明確で、大名行列のそしりはまぬがれなかった。

山本は「大艦巨砲主義から航空へ時代を変えた先覚者」といわれている。

にもかかわらず、戦艦「大和」に鎮座する二面性があった。

惨敗後、断固、作戦中止を決めたところは早かったが、ここは広島か東京にでんと構えているべきだった。

第四に作戦計画そのものが、ずさんだった。

ハワイから敵機動部隊が出撃した場合、その見張りの任に当たるのは、潜水艦部隊だった。ところが予定日までに哨戒線に到達できず、警戒ラインに到着したのは、米機動部隊が通過後になってしまった。潜水艦は見張りに関しては何ら役にも立たなかった。

第五に飛行機の運用にも問題多々ありだった。

その最たるものは索敵の不備である。索敵は重要なので新鋭機を投入すべしとの声があったが、実現していなかった。

優秀な搭乗員は戦闘機に集中し、索敵は二の次だった。このため索敵機の情報は混乱し、敵空母の正しい数も把握できず、「ヨークタウン」を別の空母と勘違いして二度攻撃する誤りを犯した。

また艦艇同士の連絡も不十分で、演習不足が随所にでていた。

そのほか、珊瑚海海戦で空母「翔鶴《しょうかく》」「瑞鶴《ずいかく》」が損傷を受け、当初の予定だった南雲機動部隊の空母六隻が、四隻に減らされたことも痛かった。

これらを総合して考えると、最大の失敗は目的がはっきりしないことだった。敵はミッドウェー島の占領なのか、米機動部隊との決戦なのか、よく分からないままに日本海軍は出撃した。

米空母が出てくれば、これを叩く。いない場合は島を占領し、ここに航空基地を作るという、あいまいな作戦だった。

これが次々に誤作動を起こし、南雲機動部隊は惨敗した。

南雲はその犠牲者だったということもできた。

連合艦隊司令部内の対立

歴史は、勝てば官軍である。

負ければ賊軍である。

勝てば称賛の嵐である。負ければ非難中傷の洪水である。

負けたせいで連合艦隊司令部も批判の対象になった。

終戦時の連合艦隊参謀を務めた千早正隆《ちはやまさたか》は、『日本海軍の驕り症候群』（中公文庫）で山本司令部の人間像を忌憚《きたん》なく描き、その問題点を白日《はくじつ》のもとにさらした。

まず山本と宇垣の仲が悪かった。

山本は徹底的に司令部ナンバー2の宇垣参謀長をはずし、参謀長を経由せずに腹心の参謀に直接指示し、官制で定められた艦隊司令部の職責系統をぶちこわした。

それが山本の黒島溺愛《できあい》である。

ところが当の宇垣はそのようなことなど、どこ吹く風、独善的かつ傲慢不遜《ごうまんふそん》な態度で部下に接した。

山本に対する開きなおりかもしれなかった。

千早にいわせれば黒島は性格陰険《いんけん》、独善的で自信過剰《かじょう》、協調性はまったくなく排他的《はいたてき》な男で、失敗しても反省はなく、他人の失敗に対しては容赦《ようしゃ》しなかった。

そんなわけで黒島と宇垣も犬猿《けんえん》の仲、参謀たちはどこを向いて仕事をすればいいのか困った。ただし、ある時期から山本は黒島の戦略に疑問を感じ、宇垣と話し合うようになったが、それはミッドウェー以降だった。

そうした雰囲気でも山本は我関せず、孤高《ここう》を楽しむ風があった。

人間それぞれに独自の感情があり、そこまで責められてもどうにもならないが、連合艦隊司令部は、どこか「伏魔殿《ふくまでん》」の様相を呈していたと千早は暴露した。

その結果がミッドウェーの惨敗だった。

「ミッドウェー海戦ほど、勢いの大勢が一夜にして逆転し、それが戦争の全般に大影響を及ぼした事例は、古今東西の戦史を通じてほとんどその例を見ない。さらに質、量ともに優勢であったものが、質、量ともに劣ったものによって、そのような惨敗を喫《きっ》した事例は、ほとんど絶無であるといっても過言ではない」

千早はそう結論づけた。

功績はきわめて大

一方、スプルーアンスの艦隊は、戦闘を終えて真珠湾に帰ってきた。とくに歓呼の声もなく、ごく普通の帰港だった。もちろん、これは大戦果であり、すぐに特別武功勲章が授与された。

「ミッドウェー海戦の間、海軍軍人として卓越せる能力を発揮し、よく指揮下の部隊を運用し、堅忍持久、敵艦隊に徹底的な攻撃を加えてこれを撃滅し、合衆国太平洋艦隊特別任務部隊の司令官として重責を全うした功績はきわめて大なるものがある。よってここに賞する」

というものだった。

後年、米国海軍大学ではこの海戦を分析し、スプルーアンスとその指揮下部隊の戦果を次のように要約した。

「アメリカ艦隊は、日本軍の最新鋭空母四隻とその最精鋭の搭乗員多数をともに撃破して、日本海軍の強力な空母を中心とする打撃部隊の、最大にしてもっとも重要な部隊を失わしめることになった。同海戦の勝利は、アメリカ軍の戦闘部隊将兵の士気を著しく向上させるとともに、四隻の空母の撃沈を目撃した日本軍兵士の士気に衝撃的影響を与えた。

そして日本軍の東方に向かう進出を阻止し、開戦直後六ヵ月間、各地において勝利を収めつつあった日本軍の攻勢行動を終結させ、太平洋における海軍力のバランスを取り戻すとともに、戦勢は逐次その後、アメリカ軍にとって有利となっていった。そしてハワイならびに合衆国西海岸に対する脅威を排除した」（トーマス・B・ブュエル『提督スプルーアンス』）

その通りであった。

日本海軍は奈落の底に叩き落とされたのである。

第七章　南雲のその後

第三艦隊

ミッドウェー海戦の惨敗後、山本は連合艦隊の再編成を行なった。

南方からの物資の輸送を円滑にするために第八艦隊を編成し、三川軍一《みかわぐんいち》中将を司令長官に任命し、司令部をラバウルにおいた。

さらに「第一航空艦隊」を廃止し、機動艦隊として「第三艦隊」を編成した。

第三艦隊は第一航空戦隊の空母「翔鶴《しょうかく》」「瑞鶴《ずいかく》」「瑞鳳《ずいほう》」の三隻、第二航空戦隊の「飛鷹《ひよう》」「隼鷹《じゅんよう》」「龍驤《りゅうじょう》」の三隻、合わせて六隻の空母と第十一戦隊の戦艦「比叡」「霧島」、第七戦隊の巡洋艦「熊野」「鈴谷」、第八戦隊の巡洋艦「利根」「筑摩」、それに「長良」を旗艦とする第十戦隊の駆逐艦一六隻の合計二九隻という大艦隊である。

問題は人事だった。

山本は第三艦隊の司令長官に南雲中将、参謀長には草鹿少将を選んだ。

首席参謀には高田大佐、作戦参謀には長井中佐、航空参謀には内藤中佐が選ばれた。

航空参謀の源田中佐は、空母「瑞鶴」の飛行長に転じ、新しい搭乗員の訓練に当たること

になった。ミッドウェーで南雲機動部隊は一〇〇人ものベテラン搭乗員を失い、これをどう

カバーするかが大問題だった。

それを源田が担当した。

また新しい航空参謀の内藤は神経質になるぐらい索敵に気を使い、二重、三重の索敵方法

をあみだした。

南雲はどういう心境だったのか。ここは辞表を出し、予備役に退いて責任を明確化すべし

という声も聞こえたが、南雲はもう一度、機動部隊の司令長官を受けることに同意した。

昭和十七年七月、ガダルカナル島で激戦が始まった。

ガダルカナルは全島が熱帯雨林でおおわれた火山島である。

場所はソロモン諸島の南にあり、オーストラリアの東北部にあった。日本からは最短距離

で五五〇〇キロ、ラバウルから一一〇〇キロの距離にあった。日本海軍はここに飛行場をつ

くり、オーストラリアとアメリカを完全に分断する作戦を立てていた。

これを知った米軍はガダルカナル奪還作戦に出た。日本軍はここに約三万二〇〇〇人の陸

軍を投入、米軍と激突した。

八月二十三日、南雲機動部隊も支援のために出動した。

米軍被害甚大

南雲はここで戦果をあげなければ、天皇や国民に顔向けができない。戦いは、生きるか死ぬかである。もうミッドウェーの時のような消極的な戦法はとりたくない。軍人である以上、堂々と戦って死ぬ。そう考えた。

南雲は草鹿を長官休憩室に呼んだ。

「もうためらうことなく、ガダルカナルに向けて南下すべきだ。ここは腹を決めてくれ」

と敵空母との決戦を草鹿に厳しくいい渡した。これまではすべて草鹿のいいなりだった。これからは自分の意思で行動する。南雲は決めた。

「長官がそうおっしゃるのなら、多少の冒険は覚悟で今夜、南下します」

と草鹿がいった。

その時の戦列は第十一戦隊の阿部弘毅少将の指揮する「比叡」「霧島」「筑摩」と駆逐艦七隻が横列に散開し、東方に第八戦隊司令官の原忠一少将指揮する「利根」と駆逐艦「照月《てるづき》」がいた。

二十四日、突然、敵機が飛来して「翔鶴」と「瑞鶴」の間に爆弾を投下した。

いよいよ戦闘開始であった。

翌二十五日、旗艦「翔鶴」の索敵機から「敵空母発見」の電報が入った。

距離二五〇カイリ（約四六〇キロ）である。

「攻撃隊発進せよ」

南雲は即座に命じた。

ミッドウェーで命を落とした三〇〇〇人の部下の弔い合戦である。

南雲は白い手袋をつけて、飛び立つ飛行機を見送った。

第一次攻撃隊は、「翔鶴」飛行隊長の関衛少佐指揮の爆撃機二七機、零戦一〇機である。

関少佐は急降下爆撃のエキスパートである。

攻撃隊は「翔鶴」の上空に集合、轟々《ごうごう》たる爆音を響かせて進撃していった。

続いて第二次攻撃隊が発艦を始めた。それが終わろうとした時、敵の索敵機二機が姿を現わして「翔鶴」に爆弾を投じ、飛行甲板の後部に命中した。

南雲は肝を冷やした。すぐ補修して飛行に影響はなかったが、油断は禁物だった。

第一次攻撃隊は猛烈な対空砲火を浴びながら、果敢に敵空母「エンタープライズ」と「サラトガ」に突っ込み、爆弾を投下した。

米軍の記録『空母エンタープライズ』（元就出版社）に、日本軍の攻撃隊が描かれている。

「敵の爆撃機は上空から次々と執念深くエンタープライズに襲いかかってきた。その数は非常に多かった。艦長の操艦技術と防衛の戦闘機の積極果敢さと、砲手の正確な射撃をもってしても、執拗で巧みな攻撃からエンタープライズを守ることはできなかった。敵の爆弾が後部エレベーターの右舷側の前方に初めて命中した。そしてエレベーターの縦穴を一二メートルも突き抜けて爆発した。その四五〇キロのTNT火薬の威力で、ガンギャラリーと二、三層の甲板が吹き飛んだ。

細長い空母は艦尾を強打されて音楽演奏用の鋸のように振動した。前部にある暗号室では、艦体が大きく震えた時に室員は椅子から放りだされた。まるで田舎のでこぼこ道を時速一〇〇キロで走るトラックに乗っているようだった。各甲板にいた乗組員は上下の振動で持ち場から放りだされ、左右の振動で横に投げだされた」

日本の飛行隊は、霊鬼《れいき》となって米空母に肉薄した。これはまさしくミッドウェーの雪辱だった。

「やったぞッ」

関少佐は満面に笑みを浮かべた。

米軍の被害は甚大だった。

甲板一番下の修理班、弾薬管理係、エレベーターのポンプ室係の戦闘配置場所が吹き飛び、三五人が死んだ。

鋼鉄の甲板には直径七メートルの穴が開き、飛行甲板は六〇センチまくれ上がって、後部エレベーターの応急修理は不可能だった。

「おお、神よ」

居合わせた兵士たちは必死に上部甲板に逃れた。舷側の喫水線には二メートルの穴が開き、海水が大きく倉庫に流れ込み、艦体は少し右へ傾いた。

破壊された段ベッド室のマットレスと衣類から火災が発生し、煙が広がった。電気ケーブルが何本かショートして、被害を受けた区画は暗くなった。消火用水の本管が切れて水が流れ出し、消火ホースに水が届かなくなった。

そして三十秒後に二発目の爆弾が命中した。

信じがたいことに最初の命中箇所から五メートル以内に命中し、乗組員は足元から突きあげられ、リベットは弾け飛び、電気が漏れ始め、ドアとハッチは、ぱっと開いた。

爆発で五インチ砲の薬包に火がついて、再び火災が発生して死者もでた。

艦内は地獄絵図だった。

爆発で吹き飛ばされてばらばらになり、焼け焦げたヘルメットの中に頭蓋骨の断片しか残らなかったり、火薬の二次火災で丸焼けになったりして、三九人が即死した。右舷の後部甲板の砲はすべて破壊された。下の飛行機用の倉庫が燃えて濃い黒い煙が発生し、破壊された砲甲板中に渦を巻いて広がった。

日本軍の爆撃で被弾した「エンタープライズ」

「エンタープライズ」は傾いて燃え上がり、備砲の四分の一は使えなくなり、数百人の乗組員が戦闘不能になった。

南雲は久方ぶりに溜飲《りゅういん》をさげた。

すばやく復旧

米軍と日本軍にいくつかの違いがあった。

復旧作業チームの存在もそのひとつである。

米軍の艦船がなかなか沈まない理由がここにあった。

復旧作業チーム、正式にはダメージコントロールチームと呼ばれる組織である。

このチームは艦の被害を最小限に食い止めるプロの集団だった。

彼らは、小人数の班毎に分かれて艦全体に散らばり、道具類を周りに置いて待機した。

ガスマスク、呼吸装置、携帯ガソリンポンプ、電動水中用ポンプ、斧、あらゆる大きさの円錐形の木製栓《せん》、破壊された区画で爆発性気体の濃度を調べるガス探知機、消火ホース、非常用電線、電話線、楔《くさび》、大ハンマー、消火器などとともに、暗く換気のない通路で待機していた。

戦闘時の灯火管制のときは、赤い照明の下、黙って座ったまま大砲の音に耳を傾け、爆弾が海に落ちた時の重々しい衝撃や、舵をいっぱいに切った時に艦体が傾くのを体で感じていた。

復旧作業チームの要員は対空砲の音で、状況が分かった。最初は五インチ砲のゆっくりとした「ドカーン」という音が繰り返し響き、その度に艦体が揺れた。それから四連装機関砲の迅速な「ボンボンボンボン」という発射音が続いた。

命中した爆弾が甲板を突き抜けて爆発したとき、復旧作業チームは敏捷に動き、被害を最小限に食い止めた。

南雲機動部隊の攻撃から戻った飛行隊が、着艦の許可を求めてきた。

戦闘の真っ最中である。復旧作業チームはいち早く甲板を修理し、見事に着艦させた。

本来ならば沈没するはずだった「エンタープライズ」は、徹夜の修理で航行を続け、夜明けには南雲機動部隊の攻撃圏を脱出した。

南雲機動部隊は「龍驤」が犠牲になった。搭載戦闘機二四機中、一五機がガダルカナルに向かっていたので、たった九機で敵の攻撃に対応せざるを得なくなり、爆弾、魚雷を受けて沈没した。また機動部隊の搭乗員の四割を失った。

これを第二次ソロモン海戦といった。

もはや圧倒的な勝利はありえなかった。

南太平洋海戦

南雲機動部隊がふたたび敵機動部隊に遭遇したのは、十月の下旬だった。

ミッドウェーから奇跡的に生還した日本映画社の牧島貞一カメラマンも、この海戦に加わっていた。九死に一生を得て助けだされ、内地帰還と思いきや、またも南雲機動部隊の取材に回された。ミッドウェーの生き残りは、報道記者も含めて外地にだされた。国内でうろうろされると困るのだった。

「翔鶴」に乗り込むと、

「おお、またきたか」

と「翔鶴」飛行隊長の村田重治少佐が笑って出迎えてくれた。

「ミッドウェーの生き残りが、わんさか乗っているぞ」

少佐はあいかわらず元気だった。

牧島はあけっぴろげな村田が好きだった。何でも思ったことを歯に衣《きぬ》きせずにいい切った。

村田は長崎県島原の人で、島原中学から海軍兵学校に進み、卒業後、海軍練習航空隊飛行学生に命ぜられ、搭乗員としての道を歩みはじめた。

昭和十年には空母「加賀」に乗り組み、雷撃機の要員として頭角を現し、雷撃の第一人者としてハワイ攻撃でも大活躍した。

結婚して子供もいた。

「翔鶴」には、初めてレーダーが取り付けられていた。

艦橋の一番高いところに、バカでかい長方形の、障子《しょうじ》の骨みたいなものが乗っかっていた。

ガダルカナルの戦況は悪化していた。補給の船団は米軍の飛行機に狙われ、護衛の駆逐艦も沈められた。

いまや航空戦力は圧倒的に米軍が優位にたっていた。

「どうやら敵さん、電波兵器を使いだしたらしい」

と艦内で評判だった。

夜間、航行していた船団護衛の艦隊が突然、探照灯《たんしょうとう》を照らさずに砲撃された。これで日本海軍得意の夜戦もだめになった。

「どうも日本は遅れているなあ」

村田少佐は溜め息をついた。

その時、突然、三発の爆弾が「瑞鶴」の後方に落ちた。

「総員、配置につけッ、対空戦闘」

けたたましくスピーカーが叫んだ。

この時、南雲機動部隊は、ガダルカナルの東方一〇〇カイリを南下していた。一八五キロの近海である。

行きがけの駄賃とばかりに偵察機に爆撃されたのだという。なんということだと牧島は思った。

その直後、味方の偵察機から「敵空母見ゆ」の電報が入った。

「第一次攻撃隊用意ッ」

「搭乗員整列ッ」

次々に命令が発せられた。

涙の別れ

南雲に名誉挽回のチャンスがやってきた。

「参謀長、攻撃隊の隊長を呼んでくれッ」

南雲は草鹿に命じた。

敵の対空砲火は激烈と聞いていた。攻撃隊は相当の犠牲を強いられるだろう。

南雲は第一次攻撃隊長の村田少佐の身を気づかった。

南雲の大好きな男が村田だった。

村田は南雲によく話しかけてくれた。南雲はそんな村田に堪《たま》らない温かみを感じた。

この戦闘も生死を分ける一戦である。

村田の気性からいって、敵に後ろを見せることはあるまい。あるいは、二度と戻ってこないかもしれない。

慌ただしいなか、村田と第二次攻撃隊の関少佐が艦橋にあがってきた。二人は海軍兵学校の同期である。

「長官、行ってきます」

「うん、しっかり頼む」

南雲は二人の手を握った。

二人は挙手して足早に甲板におりていった。

南雲の目に涙が浮かんだ。南雲は歯をくいしばって泣くのに耐えた。

真珠湾は成功したが、ミッドウェーはすべての面で悔いが残った。あの時、艦橋に立っていた自分は、空《うつ》ろだった。しかし、いまは違う。全体の責任者としてここに立ち、自分の判断で出撃を命じた。

「攻撃隊発進！」

「翔鶴」から雷撃機二〇機、「瑞鶴」から爆撃機二一機が飛び立った。

これを零戦二二機が護衛した。

南雲は村田の飛行機が滑走し、車輪が甲板を離れ、雲の彼方に飛び立ってゆくのをじっと見送った。

こらえていた涙が噴き出した。

南雲は、なにげない仕草で涙をふいた。

続いて第二次攻撃隊が発進した。

この直後、敵の索敵機が飛来した。

空母「瑞鳳」が狙われた。

「敵機、真上ッ」

と叫んだときは遅かった。

黒い物体がドーンと落ちて甲板がめくれあがり、着艦不能になった。

第一次攻撃隊は発艦してまもなく、こちらに向かってくるアメリカの攻撃隊が反対方向に飛行していくのを認めた。日本の攻撃隊はひとつにまとまった隊形で、アメリカの攻撃隊は三機ずつに分かれた隊形だった。

そのすれちがった瞬間、日本機の編隊から一〇機の零戦がアメリカ攻撃隊に襲いかかり、

「エンタープライズ」のアベンジャー四機と、グラマン四機の計八機を撃墜した。零戦の被害は三機だった。

村田は母艦の被害を少なくしようと、零戦に攻撃の許可を与えたに違いなかった。

この結果、村田の攻撃隊は十分な護衛戦闘機なしで、敵空母に向かうことになった。

村田は死を覚悟し、魚雷を抱え飛び続けた。ミッドウェー海戦の無念を晴らす、その一念だった。

南雲は、祈る気持ちで村田からの一報を待った。

南雲機動部隊にも敵の攻撃隊が迫ってきた。

雲の切れ間からアワ粒のような黒点が、次第に多くなってきた。南雲にミッドウェーの悪夢がよみがえった。

その一機が「翔鶴」に迫った。対空砲火をくぐり抜け、あわや爆弾投下と思った瞬間、味方の戦闘機が敵機に体当たりし、二機とも火を噴いて海に落ちた。

その瞬間、もう一機が真上にせまり、爆弾を投下した。

「ああッ」と悲鳴が起こり、大きな振動がしたかと思うと、三万トンの巨体が「ドガン」と持ち上げられた。

南雲も吹き飛ばされ、起き上がってみると飛行甲板がめくれあがり、その周辺の機銃も高角砲もなくなり、バラバラの死体が散乱していた。

「消火を急げッ」

南雲が叫んだ。

ホースで海水が注ぎ込まれ、火は下火になった。格納庫に飛行機がなかったので誘爆を免れた。敵機から空母を守る方法は、いち早く飛行機を飛ばして格納庫を空《から》にしておくことだった。

「村田はどうしているだろうか」

南雲は固唾をのんで電報を待ち続けた。

村田の死

村田は青々と広がる南太平洋の海に、白い航跡を引いて走る米空母二隻を眼下に捉えた。

「やるぞッ」

村田は低く叫んだ。そこへ敵の戦闘機、グラマンが襲いかかってきた。護衛する零戦との間で激しい空中戦が展開され、白煙や黒煙を曳《ひ》いた双方の飛行機が海に落ちていった。

村田は全機を率いて高度を下げた。海面すれすれに降下し、水平飛行に移った。護衛の戦闘機は少ない。敵の攻撃を避けるためには、はるか前方から海面を低く飛ぶことだった。すさまじい対空砲火がはじまった。目の前が真っ赤になった。

「全軍突撃せよ！」

村田は号令を発した。

その瞬間、突如としてスコールが襲い、空母「エンタープライズ」が見えなくなった。

「ちくしょう」

村田は唇をかんで上昇した。

グラマンがなおも執拗に追いかけてくる。

開戦当初、飛行機は日本軍が優位だった。しかしここ十ヵ月間で逆転した。搭乗員の技量も、機体の性能も、米軍は格段に向上した。

零戦の性能は世界一だが、米軍も確実に追いついてきている。いつかは逆転する。村田は感じていた。

グラマンは零戦によって次々に火を吐いた。しかし味方の雷撃機も次々に落ちていった。

「二中隊機被弾ッ」

「二番機火災ッ」

「三番機自爆ッ」

悲報が入ってくる。敵の迎撃は想像を絶する激しさだ。

「グラマン右後方ッ」

斎藤飛曹長が叫んだ。

「右旋回だ」

村田は機首を大きく右にひねった。グラマンをかわすと、眼下に空母「ホーネット」が見えた。

「あれだ」

村田はただちに「ホーネット」を雷撃目標に選んだ。

「さあ、いくぞッ」

村田が怒鳴った。飛行機は海面すれすれに飛び、魚雷を発射した。

必殺の魚雷が、白い航跡を残して海中に消えた。その時だった。

「ぐあーん」

村田の飛行機に衝撃が走り、エンジンから火を噴いた。

村田機はたちまち火焔に包まれ、村田少佐、斎藤飛行兵曹長、水木一等飛行兵曹の三人は愛機とともに海に落ちた。

村田機から発射された魚雷は「ホーネット」めがけて一直線に潜航し、轟音とともに水柱があがって、「ホーネット」は大きく傾斜した。

村田は全身火に包まれ、飛行機が激しく海に突っ込んだ時まで、かすかに意識があった。頭に浮かんだのは妻と子供だった。やがて飛行機はばらばらになって海底に没し、村田の意識は二度と戻ることはなかった。

関少佐も自爆

その頃、関少佐率いる艦爆隊は「ホーネット」の上空に達していた。

高度六〇〇〇メートルである。

「トトトト」

関少佐は全軍に突撃を命じた。関はバンクを振ると急降下に入った。

「五〇〇〇、四〇〇〇」

対空砲火の激しさは、予期せぬものだった。高度四〇〇まで降下したとき、燃料タンクが火を噴いた。

「撃てッ」

関は爆弾を投下し、機体を引き起こした。機内はもうもうたる煙に包まれ、これ以上の飛行は不可能だった。関は咄嗟《とっさ》に駆逐艦に向かって機首を下げ、そのまま突っ込んだ。壮絶な自爆だった。関の飛行隊は一九機のうち九機が未帰艦だった。

海に没した村田機の最期を見とどけたのは、同じく「翔鶴」より発艦した鈴木中尉と長曾我部中尉の二人だった。

村田の死を知った後続機が怒りの魚雷を発射し、「ホーネット」の左舷に命中した。艦爆隊の石丸豊大尉は「ホーネット」の上甲板に体当たりし、大爆発を起こした。

「ホーネット」は火達磨となって断末魔の様相を呈し、傾きながら炎上を続けた。

この時、南雲の旗艦「翔鶴」も断末魔の苦しみにあえいでいた。

ドーントレス爆撃機八機が「翔鶴」に襲いかかり四発の爆弾を投下した。飛行甲板と右舷が大きく破壊され、機銃分隊長の鳥羽大尉ら百四十数人が戦死した。

南雲は顔をおおった。

もう自分にはどうすることもできない。立っているのがやっとだった。

南太平洋海戦で日本軍の艦攻と艦爆の同時攻撃を受ける「ホーネット」

幸い飛行機が発艦していたので「翔鶴」は炎上は免れたが、通信施設も破壊され、南雲司令部は駆逐艦「嵐《あらし》」に移乗せざるを得なかった。南雲はまたしても旗艦を失った。

「翔鶴」はトラック島に向かった。修理すれば、その後の復帰が可能と判断したのだ。

村田と関の戦死も衝撃だった。最期の場面を帰還者から聞き、一人涙に暮れた。

南雲は航空戦の指揮を一時、第二戦隊の角田《かくた》覚治《かくじ》少将にゆだねた。もう気力が失われた。限界だった。

「南雲はまたも逃げたか」

連合艦隊司令部の怒りを買った。しかし、どうにもならなかった。

連合艦隊司令部は、南雲の心身の疲れを理解しようとはしなかった。

どうしても南雲の行動を疑って見てしまうのだ。宇垣参謀長は「一時の損傷に幻惑されて撤退したのは、けしからん。必殺の気合いが足りない」と酷評した。

虎の子の空母「翔鶴」「瑞鶴」が無事、トラック島に帰投したのだ。労《いたわ》りの言葉があってもよさそうなのだが、宇垣は「あの時、もうすこし追撃できなかったのか」と空母の艦長にも皮肉をいった。

炎上した空母がどうして攻撃できるのだ、乗組員は激怒した。

南雲と連合艦隊司令部の間には修復できない亀裂が入っていた。

勝利の実感なし

十月二十七日、南雲機動部隊の新しい旗艦「瑞鶴」でこの海戦の総括が行なわれた。

戦果は次のようなものだった。

敵に与えた損害

飛行機撃墜八〇、うち飛行機によるもの五五

撃沈　空母三、戦艦一、巡洋艦二、駆逐艦一

撃破　巡洋艦三ないし四、駆逐艦三

味方被害

飛行機自爆六九、不時着水二三

中破　空母二「翔鶴」「瑞鳳」、巡洋艦一「筑摩」

と集計された。空母三隻撃沈が事実ならば大戦果といえた。しかし、これはあとで覆《くつがえ》っている。痛かったのは村田重治、関衛の両少佐、鷲見五郎、山田昌平、石丸豊大尉ら数多くの歴戦の搭乗員を失い、航空戦力はガタガタになったことである。

優秀な搭乗員はもう底を尽いてしまった。とても戦えるとは思えない。それが南雲の率直な思いだった。口には出さなかったが心中、日本は勝てないという思いがあった。

海戦を総括する研究会には第二戦隊参謀の奥宮正武がきていた。目の前の南雲の顔面はめっきり老けた感じだった。

「君は村田君、関君と一緒だったな」

と南雲がいった。

奥宮と村田、関の三人は海軍兵学校の同期だった。奥宮も二人の死に痛哭《つうこく》した。

「艦長、村田君の霊前に見認証書を書いてほしい」

と南雲が「翔鶴」艦長の有馬正文大佐に命じた。これは南雲のせめてもの思いやりだった。いつも「長官、長官」と声をかけてくれた村田に対する勲章だった。

有馬艦長が、村田のために見認証書を書いた。

見認証書

海軍少佐　村田重治

右者昭和十七年十月二十六日　軍艦翔鶴九七式艦上攻撃機第一次攻撃隊総指揮官トシテ南太平洋海戦ニ参加、〇五一〇発進　〇六五〇敵発見　全員ヲ有利ニ指揮シ、執拗ナル敵戦闘機ヲ撃攘、極メテ熾烈ナル防禦砲火ヲ冒シツツ敵新大型航空母艦ニ対シ、〇七一三、雷撃ヲ敢行、コレヲ撃沈セシメ壮烈ナル自爆ヲトゲタルハ、ソノ功績抜群ナリ、　右證認ス

昭和十七年十月二十六日

翔鶴乗組　海軍中尉　鈴木武雄

翔鶴乗組　海軍中尉　長曾我部明

南雲はうなずきながらこれを読み、村田の留守宅に弔電を打った。

電文は十月二十六日、南太平洋方面で、「村田は名誉の戦死をとげた」という内容だった。

村田家ではちょうど夕食の時間だった。

電報を手にした妻は、南雲の温情に接して泣き崩れた。

米軍は日を追って戦力を増強し、その底力は脅威《きょうい》だった。

この戦いを境に日本軍は敗退をはじめた。

ガダルカナル戦も、戦死者、戦病死者、行方不明者、合わせて二万一〇〇〇人をだし撤収した。一連の戦闘で連合艦隊は戦艦「比叡」「霧島」を失い、陸海軍機、合わせて九〇〇機

が失われた。

米軍は圧倒的な火力で、日本軍を粉砕した。

呉に帰投

昭和十七年十一月九日、南雲艦隊は呉《くれ》に帰投した。

南雲は第三艦隊司令長官をおり、佐世保鎮守府司令長官に任命された。

鎮守府での南雲は日々、佐世保の海を見つめながら、戦場に散った部下たちを想った。若い水兵たちは「ずいぶん年寄りだなあ」と噂し合った。地獄を見た男は、いつも無言だった。

草鹿は横須賀航空隊司令に転じた。

連合艦隊は南太平洋海戦で敵空母三隻を沈め、ミッドウェーの雪辱《せつじょく》なったと鳴り物入りで伝えられたが、実際は違っていた。

沈んだ空母は「ホーネット」一隻であり、誰よりもそのことを知っていたのは南雲自身だった。

南雲は十七日には上京を命ぜられ、久しぶりに東京に出かけ、皇居で天皇に拝謁《はいえつ》した。

しかし、南雲の表情は硬く、どこにも笑みはなかった。

「申しわけない。本当に申しわけない」

その思いでいっぱいだった。

ふと戦死した村田少佐や関少佐が脳裏に浮かんだ。南雲の目から大粒の涙が流れた。

心身ともに疲れ果てた南雲にとって、佐世保は居心地のいいところだった。時には温泉につかり、ここには馴染みの芸者も何人かいて、「佐世保音頭」や「佐世保小唄」を聞いた。ここで飲む時が唯一、心の安らぎを覚えた。

南雲は気持ちも大きくなり自分でも歌ったが、途中から涙がでて歌が途切れた。米軍との戦争は想像を絶する過酷なものだった。人間は虫ケラのように殺し殺され、それが果てしなく続いていた。

最後の戦場

南雲はほどなく呉鎮守府の司令長官に転じた。

このころ山本長官がラバウルで戦死し、日本海軍は存立の危機にあった。

山本の死を聞いた時、南雲は「これで戦争もおわりだ」と感じた。

日本海軍は山本五十六を中心にアメリカと戦ってきた。頭のいい山本のことである。もはや戦局は挽回できないと見ていたに違いない。覚悟の上での戦死ではなかったか、南雲はそう思った。

山本は真珠湾攻撃の時は、水ぎわだった指導ぶりを見せた。

作戦は大成功し、山本は世界を震撼させた大提督だった。ところがミッドウェー海戦からは、なぜか自分が先頭に立たず、黒島参謀にまかせ、惨敗後も人材の刷新、搭乗員の教育、レーダーや新兵器開発などになんら新鮮味がなく、旧態依然の体制を続け、米軍に押される一方だった。

山本の冴《さ》えが姿を消したのはなぜか。

もう勝利を断念したのか、謎の部分もあった。

南雲はミッドウェー惨敗後も、現場にとどめてもらったが、戦局を変えることはできず、
結果は山本の期待を裏切ることになった。かつて南雲は、

「ミッドウェー海戦の時、なぜ敵空母発見の電報を打ってくれなかったのか」

と山本を恨んだこともあったが、現場の責任者はあくまで自分である。期待に応えられず、
日本海軍を滅ぼしてしまったことに南雲はいつも心を痛めてきた。

山本の遺影には「申しわけない」と謝るしかなかった。

その時、南雲はいつもぼろぼろと涙を流した。自分でも一体どうしたのかと思うほど涙も
ろくなった。

「このままでは山本に合わせる顔がない」

南雲は自分も戦場で死にたいと思った。

南雲はもう一度、前線にでたいと考えるようになった。このまま陸で死にたくはなかった。

村田や関が自分を呼んでいるような気がした。海にでたい。海で戦いたい。南雲は思った。

この時期、海軍兵学校同期の沢本頼雄《よりお》が海軍次官だった。

南雲は上京したとき、

「おれを海にだしてくれ」

と頼んだ。沢本はポストがないといった。

連合艦隊司令長官は山本の死後、古賀峯一《みねいち》である。ミッドウェーで惨敗した南雲には、連合艦隊を率いることは難しい。沢本が骨を折ってくれ、南雲は戦艦で編成する第一艦隊司令長官に親補された。

この艦隊は連合艦隊司令長官の直轄となるので、いわば閑職だった。しかし長年しみついた海の暮らしは、やはり肌に合っていた。

空母がないのだから大きな働きは望めないが、海を走る時はやはり壮快だった。

連合艦隊の主力である第三艦隊（第一航空戦隊・第二航空戦隊が主力）は、燃料があるフィリピンとボルネオの中間にあるタウイタウイ島の泊地に司令部をおいていた。

「わが決戦兵力の大分を集中して敵の正面に備え、一挙に殲滅《せんめつ》して敵の反攻を挫折せん」

それが新しく司令長官となった小沢治三郎中将の作戦だった。

決戦の場所はパラオ近海と見られていた。

中部太平洋における米軍の侵攻は昭和十八年十一月から始まり、これまでにギルバート諸島のマキン、タラワ島に対する攻撃が行なわれた。昭和十九年に入ると、飛行機の生産能力で日米に大きな差が生じた。日本の二〇〇〇機に対してアメリカは二万機に達し、その差は広がる一方だった。

昭和十九年二月十七日には、前線基地のトラック島が米機動部隊の奇襲攻撃を受け、飛行機三二〇機を失っていた。

六日後には、テニアンが爆撃された。テニアンはサイパンの南五キロにある平坦な島で、五つの飛行場があった。

ここには角田覚治中将麾下の、基地航空部隊として再編成された第一航空艦隊が進出してきた。

戦局挽回の精鋭である。

戦闘機隊は「豹」「虎」「狼」の三部隊で、高高度戦闘機隊は「隼」部隊、爆撃機は「鵬」部隊、夜間戦闘機は「鳶」部隊と名づけられていた。

テニアンの飛行場に降り立った若い搭乗員の胸には大きく「龍王」の文字があり、のんびり構えていた基地の人々は目を皿のようにして見入った。

ところがなんということだ。大空襲を受けて、テニアンに到着したばかりの百数十機が、一瞬のうちに火の海に包まれた。一体、司令部は何をしていたのか。油断、不用意、若い搭乗員たちは、日本海軍の実態に茫然自失となった。

これが前線の実態だった。

ここに『毎日新聞』の中島誠記者がいた。米機動部隊を追ってサイパン、テニアンの残存攻撃機三〇機が三回にわたって攻撃をかけた。未帰還機二五機、帰ってきた搭乗員は大型空母二隻、戦艦一隻、空母一隻撃破と報告したが、中島が搭乗員からくわしく聞いたところでは、

「雲間から海上に白い閃光が見えた」

「空がぱっと明るくなった」

といった程度の話だった。にもかかわらず軍艦マーチとともに大々的に放送された。

三月三十日には、パラオが空爆された。このとき連合艦隊はパラオに集結していたが、突然の奇襲でパラオ基地の飛行機は、飛び立つ前に爆撃と機銃掃射でやられ、二百余機を失った。連合艦隊の古賀峯一司令長官は、飛行艇でパラオを脱出しようとし、悪天候に巻き込まれて行方不明となった。

古賀のあとを継いだ連合艦隊司令長官は、豊田副武《そえむ》大将だった。

連合艦隊司令部は、連合軍の攻撃目標はフィリピンの奪還にあると判断した。西部ニューギニア、そしてミンダナオ島などの南部フィリピンである。

だがこれも大きな見込み違いだった。陸軍のマッカーサーはフィリピンが最優先だったが、海軍のニミッツは、マーシャル諸島、トラック諸島、カロリン諸島のどこかの島、およびマリアナ諸島のサイパン、テニアン、グアムの島々などを占領し、台湾、中国で合流して日本本土の爆撃と封鎖を行ない、必要があれば日本本土への上陸作戦を敢行する考えだった。

アメリカでも陸軍と海軍は対立した関係にあった。

マッカーサーには、フィリピン奪還の面子があり、強引だった。しかしニミッツも負けてはいなかった。ニミッツの最大の目標は日本本土の爆撃である。航空基地となる島々を奪ってB29を日本本土に飛ばすことだった。ニミッツはあらゆる障害を乗り越えておのれの信じる道をつき進んだ。

タウイタウイに停泊する「大鳳」(手前)と翔鶴型空母(左)。右は戦艦「長門」

連合艦隊の主力である小沢機動部隊の基地、タウイタウイ島はフィリピンとボルネオの中間にある入り江である。長さが三〇カイリ(約五五キロ)で、幅は最も広いところで、一〇カイリだった。標高五〇メートルの山もあり、瀬戸内海の淡路島に似ていた。

風光明媚の楽園だった。

小沢長官は空母「大鳳《たいほう》」に座乗し、その東には空母「瑞鶴」「翔鶴」が係留されていた。戦艦、巡洋艦、駆逐艦、燃料・兵器・食料の補給艦も入れると総計七三隻の大艦隊が、ここに隠れていた。

空母の搭載機は四五〇機、小沢は潜水艦を警戒しながら湾外で、飛行訓練も行なった。

小沢が、南太平洋の米機動部隊に一撃を加えることができるかどうか。それが日本海軍に残された最後の賭けだった。

それは「あ号」作戦と名づけられ、連合艦隊は最後の空母決戦と位置づけていた。

マリアナ諸島の島々、サイパン、テニアン、ロタ島が当面の重要な基地だった。ここが米軍に奪われれば、Ｂ29による本土爆撃が日常化することになる。

米空母に一撃を加えることが急務だった。

索敵で得た情報では、米空母は四群に分かれていた。

第一群　空母「エセックス」「カウペンス」「ラングレー」
第二群　空母「エンタープライズ」「レキシントン」「サンジャシント」
第三群　空母「バンカーヒル」「ワスプ」「モントレー」「カボット」
第四群　空母「ホーネット」「ベローウッド」

である。

これは強敵であった。

アギーガン岬

南雲の新しいポストは、陸軍も含めたサイパン防衛の責任者だった。

第四航空艦隊を直轄するほか、基地整備の第五根拠地隊、潜水艦を主体とする第六艦隊、さらには陸軍第三十一軍も南雲の指揮下に入った。

ここには満足に乗れる軍艦はなく、海軍軍人としては寂しいポストであった。しかし自ら志願したのだ。

四月下旬、ここに降り立った南雲は気を取り直してサイパン島の防備施設を見て回ったが、装備は古く、とても戦える状態ではなかった。島の南西にあるアギーガン岬の砲台にいたっては、日露戦争当時の古いものだった。ここにどんな意味があるかといえば、硫黄島や沖縄決戦のいわば盾であり、時間稼ぎのためのはじめから勝利を度外視した島だった。

それでもいいと南雲は思った。

サイパンの総兵力は海軍一万五〇〇〇人、陸軍二万九〇〇〇人の計四万四〇〇〇人である。それに加えて在留邦人が大勢いた。

南雲のそばには参謀副長として陸軍から送り込まれた田村義富《よしとみ》少将がいた。フランス駐在、関東軍作戦課長の経歴をもつ俊才である。

水際陣地の構築を急いでいたが、準備日数の不足で、まだ完成してはいなかった。海岸線には数百の機雷や、魚雷、要塞砲、弾薬、セメント、鋼材などが散乱していた。

山口百次郎

南雲がもっとも気になったのは、在留邦人のことだった。本土から移住し、ここで生活を築いてきた人々である。長老は山口百次郎《ももじろう》といい、一日、山口の話を聞く機会があった。

山口百次郎は、明治十二年、南雲と同じ山形県に生まれた人だった。米沢とそれほど離れていない東村山郡天童町が彼の郷里だった。

五人兄弟の末っ子で、八歳で父が病没し、山形市内の雑貨屋に丁稚奉公に出され、その後軍隊に召集され、日露戦争に参戦した。帰還して結婚し、夫婦で樺太のニシン漁の網元で働き、それから横浜に出た。

何かを追い求める性癖があったようだ。

横浜で南洋の話を聞いた。島々に「ネッタイチョウ」というきれいな羽根の鳥がいて、その羽根がフランスに高く売れるというのだった。

正式には「ボースン鳥」といった。

たしかに帽子に鳥の羽根を飾るファッションが当時、パリで流行していた。百次郎は密猟を思いつき、四人の男たちと船を雇って南をめざした。

とある小島で下ろされた。しかし、そこには「ネッタイチョウ」はいなかった。

騙されたようなものであった。百次郎はコプラ運搬の小型船に乗せてもらい、サイパン島にたどり着いたのだった。

その時、サイパン島は台風にやられ、椰子の木は倒れ、家は倒壊していた。百次郎はこの島で採れるキクラゲを集め、島に進出していた南洋貿易に買い取ってもらった。

それから家族を呼び寄せ、故郷からも若者を呼び、開墾を始めた。やがて百次郎はサイパンの町ガラパンの目抜き通りに、食料品店兼飲食店を経営し、有数の成功者になった。

南洋成金ともいわれた。そこには日本人の店がいっぱいあった。農場も大半は山形から来た人々が作り上げたものだった。

百次郎ら日本人が島の人々と汗水流して作り上げたサイパン島、そこにも戦争の影が忍び寄り、日本軍に協力が求められた。年はとったが百次郎は島の有力者である。

「そうか」

南雲は深くうなずいた。

早く避難してもらいたいというのが南雲の本音だった。

日系人の数は三万三〇〇〇人である。サイパン尋常小学校、サイパン高等女学校、サイパン実業学校もあった。

南雲の司令部は休校中のサイパン実業学校におかれた。

長官室は教室がそのまま使われ、広い机とその後ろに掛けてある大きな海図以外には何もなかった。

副官が何人かおり、南雲は半そでの服を着て、ぽつんと椅子に腰掛けていた。

説明されなければ、あの輝かしい真珠湾攻撃の司令長官とは誰も思わなかったろう。

それもごくわずかの期間だった。

百次郎はどうなったかというと、ここでの戦闘の直前、陸軍の軍用機に乗り、横浜に戻ってきた。家族はまだサイパンにいたので、見切りをつけての帰国ではなかったが、軍用機で帰国というのは、さすが百次郎だった。

やがて百次郎の家族もすべてを捨てて山形に引き揚げた。

長年、たたき上げた勘というものだろう。

百次郎の詳細は野村進『日本領サイパン島の一万日』（岩波書店）に記述されている。サイパンを知る上で、欠かせない貴重な本である。南雲の勤務の様子はこの本で知った。

空襲開始

米軍の空襲は六月十一日から始まった。この日は日曜日で、ガラパンの町には休日を楽しむ兵隊の姿もあった。

五〇〇機を超す敵機が飛来して、サイパンのパナデル、アスリートの飛行場を爆撃した。早くも飛行場が使用不能となり、テニアンも爆撃され、待機中の飛行機が粉砕された。

六月十三日からは沖合の敵艦から艦砲射撃が始まった。

町は吹き飛び、いたるところ一面、火の海である。在留邦人は子供の手をひいて山岳地帯に逃れた。

戦いが始まる前に陸軍の将校は集会所で、

「日本は絶対に負けない。南洋諸島の不沈空母にして、基地を拡充強化する」

と演説していた。

「そんな馬鹿な」

と南雲はそのとき思った。

不沈空母といったところで、ここには飛行機がろくにないのだ。

叩かれる一方の悲惨な戦争になることは確実だった。

在留邦人の内地引き揚げも行なわれていたが、日本に引き揚げることはサイパンで築いた財産を放棄する意味合いがあった。特に長年、苦労して造成した農園は手放せなかった。加えてこの三月、ガラパンを出港した引き揚げ船が二日後、硫黄島沖で米軍の潜水艦に撃沈された。乗客五〇〇人のうち、救助されたのはたったの三人だった。

以来、恐ろしくて引き揚げ船に乗る人はいなくなった。

在留邦人は空爆と艦砲射撃で、何千という犠牲者を出し、どこも地獄の様相を呈した。

地獄絵図

第四十三師団参謀・平櫛孝少佐は、のちに「地獄絵図・サイパン島」（『完本・太平洋戦争〈上〉』所収、文藝春秋）を書いている。

この師団は名古屋を本拠地とし、兵の多くは名古屋地方の出身だった。五月八日に名古屋を出てサイパン島にやってきた。

サイパンで南雲は「提督」と呼ばれていた。

すべて別格で、作戦に関しては一言も発せず、参謀たちだけがうるさく騒いでいた。陸海軍で意見が対立するときでも南雲は黙ったままだった。

南雲は、何も喋ることはなかった。

小沢機動部隊が敵の機動部隊を殲滅しない限り、サイパンの玉砕は免れないと考えていたからである。南雲は日本をでるとき、北鎌倉の自宅で家族にあい、妻と四人の子供と別れの食事をした。

「今度は生きては帰れぬな」

と南雲は妻にぽつりといった。

十二日の空爆までは一人の犠牲者もでなかった師団司令部だが、艦砲射撃がはじまると戦死者、重傷者が続出した。ちぎれた右手を左手にぶらさげて軍医のところにきた下士官もいた。

家を焼かれた人々は乳飲み子を背中におんぶして、山へ山へと逃れた。

海岸線の前線部隊は空爆と艦砲射撃で壊滅的な打撃を受け、至るところに死体が散乱、弾薬も食糧もなくなってしまい、裸の軍隊になっていた。

米軍が上陸を開始したのは、六月十五日早朝である。

チャランカノアの沖合から、海面を埋め尽くした上陸用舟艇で押し寄せた。

山岳部にも砲弾が炸裂し、師団司令部をおいた洞窟にも砲弾が飛び込み、茂木副官が片足をもぎ取られた。この夜、戦車第九連隊の戦車十数台が敵陣に突っ込んだ。

夜があけて二台の戦車がもどってきた。他の戦車は砲撃で跡形もなくなり、連隊長は戦死した。

午前九時までに約八〇〇〇人の米軍が上陸した。日本兵は勇敢に戦い、米軍に損害を与えた。この日だけで米軍の死傷者は約二〇〇〇人に達した。しかし、圧倒的な兵力の前にはい

サイパン島に上陸した米海兵隊は、南雲率いる日本軍を追い詰めていった

かんともしがたく、部隊は次々に全滅していった。

　ガラパン市内を守る第五十五特別陸戦隊も全滅、灯台山の第五根拠地隊も撃破された。

　特別陸戦隊は銃剣道の有段者で編成され、夜襲戦を得意とした。しかし米軍は駆逐艦から照明弾を打ちあげ、海岸線をあかあかと照らしだし、そこに砲弾を撃ちこんだ。

　これにはひとたまりもなく、隊員は吹き飛ばされた。

　それから司令部は電信山におかれた。コンクリート製の人工の洞窟があり、薄暗い電灯がともっていた。

　そこにも砲弾はうなりをあげて炸裂した。

　人は虫ケラのように殺された。

　参謀たちはヒステリックになってわめき散らし、もはや正常な状態の人はいなくなっていた。

海軍の参謀は何をどうしていいか分からず、呆然としていた。

前線部隊は次々に全滅し、はやくもタッポーチョ山には星条旗が掲げられた。

最終的に米軍の兵力は、第二、第四海兵師団各二万二〇〇〇人、第二十七海兵師団一万六〇〇〇人、第五水陸両用軍団二三〇〇人、計六万三三〇〇人の大部隊だった。

南雲はただこの悲劇に耐えていた。じっと耐えるしか方法はなかった。

顔をゆがめ、自分の不運をなげいた。

サイパンにくるとき、もう帰れないという気持ちはあったが、全島玉砕という形になるだろうとは、まだ思っていなかった。

入ってくる連絡は前線基地の全滅だった。通信がぱったり途絶え、その数が増えていった。

だいいち前線にはろくな陣地もなかった。

わずかな兵士がかくれる蛸ツボしかなかった。こんな陣地で戦争ができるはずもなかった。

圧倒的な砲弾ですべてが跡形もなく吹き飛んだ。

司令部にも銃弾がうなりをあげて飛び込み、陸軍、海軍の参謀が一人、また一人と倒れていった。ここの司令部も危なくなった。

マリアナ沖海戦

南雲は小沢機動部隊（第一機動艦隊）に最後の望みを抱いていた。

小沢機動部隊からサイパン救援に向かう旨、電報があったからである。

サイパンにおける南雲は手足をもぎ取られた裸の提督だった。どこから見てもミッドウェーの責任をとらされ、サイパンに飛ばされたという印象だった。すべての人がそう南雲を見ていた。

「せめて、海軍の力を皆にみせてやりたい」

南雲は小沢艦隊が逆襲に成功し、サイパンの海に勇姿をみせてくれることをこい願った。

小沢機動部隊は、六月十三日にタウイタウイを出撃していた。

麾下の九隻の空母は対潜水艦警戒機を飛ばしながら、飛行訓練もあわせて行なったが、旗艦「大鳳」で思わぬ大事故が起こった。着艦に失敗した飛行機が甲板の前部に止まっていた機体に激突、数機が炎上したのだ。この間にもサイパンの情勢は刻々、打電されてきた。

小沢機動部隊は索敵機を飛ばして十八日午前五時、サイパン西方七〇〇カイリ（約一三〇〇キロ）の洋上を決戦の海域と想定し、複数の索敵機を飛ばし、敵空母を捜した。その結果、午後二時十五分に空母部隊を発見した。

距離は三八〇カイリである。

この距離で、しかも薄暮《はくぼ》攻撃では母艦に帰艦することがむずかしい。燃料切れで海上に不時着である。

この日の発艦は無理と判断された。

六月十九日午前三時四十五分、索敵機が発艦した。ミッドウェーでの索敵失敗にこり、第一、第二、第三の索敵機、四三機が水ももらさぬ包囲網をしいて飛び立った。

敵空母発見と同時に飛び出せるよう、各空母は第一次攻撃隊を甲板に待機させた。第二次攻撃隊と合わせ総計二四六機の大部隊である。

敵空母との距離は四〇〇カイリ、約七四〇キロと想定した。

東京と青森間の距離である。これはもう搭乗員の限界を超える距離だった。敵の空母は移動している。うまく見つけられるのか。操縦の疲労も大変だった。

米軍の飛行機はこの距離での往復は無理だった。日本の飛行機は軽量なので、なんとか飛ぶことができた。

つまり、こちらの空母は安泰ということになる。

それが「アウトレンジ戦法」だった。日本語に訳すと「射程外戦法」である。

午前八時に全機が発艦した。

「わが軍の勝機あり」

小沢中将は自信を深めていた。

第二次攻撃隊も発進した。勝利疑いなしと皆が思った。

被害甚大、戦果無し

戦闘爆撃機四五機を主力とする大林部隊の第一次攻撃隊六七機は、緊張しながら飛行を続けた。

攻撃隊の総指揮官・垂井明少佐は、戦闘に不慣れだった。本隊と敵を結ぶ一〇〇カイリ

（一八五キロ）の地点に栗田艦隊がいた。栗田艦隊は突然現れた大編隊に驚いて、発砲した。慌てて味方識別信号を発射したが、ときすでに遅く二機が撃墜された。ここで大混乱になったが、ようやくこれを乗り越え、敵空母部隊の手前二〇カイリ、約三七キロの地点まで到達した。

まもなく敵の頭上である。皆に緊張が走った。その時だった。

「敵戦闘機、後ろに付いた」

「横からくるゾ」

「上だ、上だッ」

大林部隊は突然、パニックに襲われた。

零戦も爆弾を積んでいるので、思うようにスピードがでない。必死に逃れようとするが、食いついたら絶対に離れない。

一機、二機、三機と黒煙を噴いて海に落ちていった。見る見るうちに攻撃隊は半減した。

それを逃れたわずかの飛行機が、敵空母と巡洋艦に爆弾を投じたが、対空砲火でやられる機も多く、六七機中四三機が未帰艦となった。

帰艦できたのはわずかに二四機だった。

皆、愕然とした。

垂井少佐の飛行機は「全軍突撃せよ」の無電を発したあと行方不明になった。

結局、第一次攻撃隊全一二八機は九六機を失い、七五パーセントが海に消えた。

アウトレンジ戦法の失敗だった。

航空参謀の淵田美津雄中佐は、

「攻撃距離が遠くなると、いくら練達の飛行機乗りでも疲労を覚える。敵位置の幅が大きくなるので、敵艦の発見が容易ではなくなる。戦闘機で三〇〇カイリが限度。爆撃機は二五〇カイリが限度だ」

と語った。完敗だった。

「大鳳」沈没

小沢機動部隊は朝から戦運に見放されていた。

味方機の魚雷が暴発し、大火災が起こったかと思うと、小沢長官が乗った空母「大鳳」が敵潜水艦の雷撃に遭い、飛行機用昇降機が粉砕され、飛行機の発進がストップした。

工作長が応急用の木材を集めて修理し、なんとか発着艦ができるようにした。

その最中に、「翔鶴」にも敵潜水艦の魚雷が命中し、たちまち大火災となり、三時間後には沈没した。

その直後、「大鳳」が大音響とともに爆発した。

「爆撃か」

と皆が空を見上げたが、飛行機の姿はない。甲板の下から火柱が噴き上げ、高角砲や機銃に誘爆して、手のつけようがない。

乗組員は爆風で飛ばされ、いたるところに死体が散乱、見るも無残である。

機械室もやられてしまい、水も使えない。

新鋭空母が何らなすところなく、もはや沈没一歩手前である。

一体、日本の造船技術はどうなっているのか、皆が首をかしげた。

爆発の原因は敵の魚雷でガソリンタンクが破れて艦内に漏れたガスが充満し、それがなんらかの原因で引火したのだ。

小沢機動部隊に引導を渡したのは、米海軍の潜水艦部隊だったことになる。

開戦当初の米潜水艦部隊はまったく無力だった。魚雷に欠陥が多く、日本の艦船の下を通過したり、早発したり、あるいは爆発しなかったりで、最悪の状態だった。

おかげで日本の輸送船団は潜水艦の恐怖を感じることなく航行できた。

ところが、南方から資源を運ぶ輸送船団を叩く必要があると、米軍は潜水艦の改良を進め、魚雷も急ピッチで改良された。マリアナ沖海戦では、潜水艦部隊が小沢機動部隊を追跡し、「アルバコア」が「大鳳」を撃沈した。「カバラ」も「翔鶴」に魚雷を撃ち込み、海底に葬った。

小沢機動部隊はサイパンを救うことができなかった。

小沢は海軍兵学校で南雲の一期後輩だった。

出身もおなじ水雷屋。前述のように小沢はいつも南雲の後をついて回った。第十一駆逐隊司令、第八戦隊司令官、水雷学校校長、第三戦隊司令官、海軍大学校校長、第三艦隊司令官と皆しかりだった。

性格は正反対。南雲は無口、小沢は豪放磊落《らいらく》だったが、いい飲み相手だった。

小沢は南雲を救うことができず、唇を嚙んだ。

テニスコート

南雲はサイパン島に来て、わずかの期間だが、可愛い娘とテニスをしたことがあった。

サイパンには海軍士官のクラブ、水交社があり、テニスコートがあった。

そこでいつもテニスを楽しんでいる三浦静子という若い女性がいた。

彼女の出身地が南雲と同じ山形県だったので、南雲は実の娘のように彼女を可愛がった。

当時、彼女は十八歳、南興水産の事務員をしていた。その南興水産の隣が水交社だった。

彼女はテニスが大好きで、マリアナ諸島全域のテニス大会で優勝したほどの腕前だった。

よく垣根をくぐっては水交社のテニスコートでプレイを楽しんだ。

いつものように南興水産と水交社の間の垣をくぐり、ふと水交社のベランダに目を向けると、見慣れぬ浴衣姿の老人が一人でビールを飲んでいた。

彼女は、その人がここの海軍のいちばん偉い人、いや、陸海軍を含めての最高司令官だとは知らなかった。

「おじさーん。コート貸してね」

と気やすく声をかけて、いつものように同僚の女の子とテニスをはじめた。

明るい南洋の空のもと、テニスを楽しむ女性たちの姿に南雲は引きつけられた。

この何年間か、こうした風景を見たことはなかった。

日々、戦争に明け暮れ、こういうスポーツの姿など想像したこともなかった。

彼女たちの屈託のないはしゃぎ声を聞いているうちに、南雲の心に変化が表れた。南雲の心はいつも暗く沈んでいた。それがパッと明るくなった。

「おーい」

南雲は従兵を呼んで体操着を持ってこさせ、それに着替えた。

一緒にテニスをしようと思ったのである。

「わしも仲間に入れてくれよ」

「へえー、おじさんもテニスをやれるの？　どうぞ、どうぞ」

南雲は彼女らの仲間に入れてもらった。

しかし南雲はテニスの経験がなく、まったく下手だった。

ずんぐりした体で、一生懸命にあっちに走り、こっちに走るのだが、ポロポロと球をこぼした。彼女たちは腹をかかえて笑った。

そのことがきっかけになって、静子は南雲と仲よしになった。でもこの老人が一体誰であるかはよく知らなかった。

「おじさんは閣下なんだってねえ」

と静子がいうと、南雲は、

「うんまあ」

と照れくさそうに笑った。

静子の両親はサイパンの隣の島、テニアンで菜園を経営し、成功していた。長い年月をかけて品種改良した三浦農園の西瓜やパパイヤは、この地方最高の美味として知られていた。

彼女は西瓜やパパイヤのおいしいこと、農園で栽培しているいろいろな果物のことを話す時、キラキラと目を輝かせて身を乗りだすようにした。

これまでの南雲の海軍生活で、もっとものどかで、楽しい日々だった。

南雲は静子の特訓で、三回に一回ぐらいは球を拾えるようになり、土曜、日曜の海軍のテニス大会には彼女と組んでダブルスに出場し、やんやの喝采をあびた。

南雲は前にでて構えているのだが、いくら振り回しても、ラケットにボールが当たらない。

「長官のラケットには、穴があいているのではありませんか」

と若い士官たちにひやかされたが、それでもニコニコ顔だった。

しかし、南雲は急にジーッと考え込んでしまうことがあり、静子にとってその時の横顔はひどく淋しそうだった。

六月十日、アメリカ軍のサイパン進攻作戦が発動される前日、静子はロタ島に行く用事があり、連絡船に乗船する許可をもらいに司令部に行くと、主計長が二、三日待ってくれといって許可が下りなかった。そんなことはこれまでなかったので不思議に思っていると、経理部の横を通りすぎる南雲長官に出会った。

いつもの長官ならニコニコして話しかけてくるのに、そのときは彼女の姿にも気づかず、極度に緊張した面持ちで大またに歩いて行った。

それが、彼女が南雲の姿を見た最後だった。

間もなく怒濤の勢いで空爆や艦砲射撃がはじまり、米軍が上陸を開始した。

静子は陸軍の看護婦を志願し、想像を絶する激しい戦闘に巻き込まれていった。

疑心暗鬼

小沢機動部隊の反撃も幻と消えた。

六月二十七日、電信山の麓の山中にある陸海軍の合同戦闘司令部で会議が開かれた。日本軍の残存兵力は極端に減り、いま司令部で連絡がつくのは次の一〇〇〇人余りになっていた。

歩兵百三十五連隊　二五〇人
歩兵百三十六連隊　三〇〇人
歩兵百十八連隊　三〇〇人
独立混成第四十七旅団　一〇〇人
独立工兵七連隊　七〇人
戦車九連隊　戦車三両

しかも通信手段がないため、統括はもはや不可能で、それぞれの指揮官が判断し、独自に行動するほか方法はなかった。

南雲らは、最後の司令部をタッポーチョ山の北部にある細長い谷に移した。

水の補給は一切ない。ドブ水を飲み、砂糖キビをかじって渇きをいやしながら谷に移動した。谷の真ん中に小高い山があり、ここから北を「地獄谷《じごくだに》」、南を「極楽谷《ごくらくだに》」といった。

指揮する部隊はなく、正直、何の役にも立たない司令部だった。

「長官、これからいかがいたしましょうか」

井桁《いげた》師団参謀長が問うた。

「うむ」

南雲はそれだけいって押し黙った。

皆、口は重かった。誰がいうともなく、ここを最後の抵抗線として玉砕することで全員がうなずいた。

最期をこのような形で迎えることは海軍の南雲にとって、屈辱以外のなにものでもなかった。

軍艦ではなくサイパンの洞窟にこもり、玉砕するとは、なんたることか。

死に場所を間違えたというほかはなかった。

海の上で死にたかったと南雲は思い続けた。しかしこの期に及んではすべてが遅すぎた。

南雲は貝のように口をつぐんでいた。

夜になると斬り込み隊がでていき、二度と帰ってはこなかった。

全員が疑心暗鬼《ぎしんあんき》になっていて、もともとの島民をみればスパイだと疑って虐殺し、在留邦人も何人かがスパイの嫌疑で殺害された。

将校たちは酒で恐怖をまぎらわせ、何かといっては喧嘩口論を繰り返した。

武器は手榴弾《しゅりゅうだん》しかなくなり、絶望のあまり日々、何人もの兵士が手榴弾を爆発させて自決した。

ここは文字どおりの地獄だった。

万歳突撃

南雲は洞窟の奥に座っていた。

南雲の周辺には参謀長の矢野海軍少将、斎藤師団長、井桁師団参謀長、辻村第五根拠地隊司令官らがいた。南雲は何日も誰とも喋らなかった。ただ黙って座っていた。

南雲の脳裏に浮かぶことはただひとつ、ミッドウェーでの惨敗だった。

頭にこびりついて離れないのは、敵の急降下爆撃機が真上に飛来して爆弾を投下し、大轟音とともに爆発炎上する空母「赤城」の姿であった。

あれが日本海軍の敗退のはじまりであり、その責めは自分にある、そう思い続けていた。

洞窟にはまだ五〇〇人ほどの日本兵がいた。

残された道は万歳突撃しかなかった。

南雲名による全軍に与える訓示が読み上げられた。

「在島の陸海軍将兵および軍属は、よく協力一致、善戦敢闘随所に皇軍の面目を発揮し、負託の任を完遂せしことを期せり。しかるに天の時を得ず、地の利を占むあたわず。いまや戦うに資材なく、攻めるに砲熕《ほうこう》ことごとく破壊し、戦友あいついで斃《たお》る。無念、七生報国を誓う」

それは南雲の無念の気持ちをよく表していた。

このあと、

「進むも死、退くも死、いたづらにとどまって虜囚《りょしゅう》の辱めを受けるより、敵中に身をおどらせて武人の最後を飾るべきときなり」

と斎藤師団長が訓示した。

「提督、我々は自決しましょう」

斎藤中将がいい、南雲と井桁少将がうなずいた。

三人の自決の時間は、七月六日午前十時と決まった。

自決の場所は洞窟の一段と高い所で、そこを入念に掃き清め、南雲と二人の将軍は肌着を着替えた。

三人は祖国の方向を向いて正座した。

南雲はもう無の心だった。こうして皆が見送ってくれ、最期の時を迎えることができたことを神に感謝した。

妻や子供たちの顔が脳裏に浮かんだ。

数々の誤りはあったが、自分は自分なりに精一杯戦った。そのことは信じてほしい。南雲は家族一人ひとりに呼び掛けた。

日本は早晩、敗れるであろう。なぜこんな戦争を起こしてしまったのか。

いまとなっては、それを問うても仕方のないことだった。

三人は軍刀を逆手に持ち、日本の古式に従って自らの腹部に当てた。

その瞬間、副官が拳銃を発射した。三人はどうっと前にうつ伏せになった。

南雲はサイパンの洞窟で昇天した。

享年五十九であった。

今日の感覚からすれば、まだまだこれからという年代だった。

そして七月七日午前三時、他に生き残っていた部隊の将兵も集まって万歳突撃が行なわれた。

日本兵は一〇〇〇人ぐらいずつ三つの集団になり、

「ワッショイ、ワッショイ」

「ワァワァ」

と掛け声をあげ、米軍の陣地に突撃した。軽機関銃をもった数人の日本兵が頑強に米軍の反撃に抵抗し、弾丸がなくなるとお互いに刺し違えて自決した。

米軍の調査によると、四三〇〇ほどの死体が周辺に散乱していたという。

南雲は昭和十九年七月八日付けで、海軍大将に任ぜられ、同時に正三位、功一級金鵄《きんし》勲章、勲一等旭日桐花《とうか》大綬章が贈られた。

南雲の死が家族に知らされたのは八月十一日である。

家族は北鎌倉に住んでおり、海軍兵学校同期である海軍省人事局長の水戸春造中将が、南雲邸を訪ねた。

「立派な最期でした」

と水戸がいうと、りき夫人は「はい」とだけ答えた。

この日がくることを、りきはとうに覚悟していた。

夜、ひとりになったりきは、

「本当にご苦労さまでした。あなたの無念の思いは息子が晴らします」

と同じ海軍に入った長男の名前をいった。

長男の南雲進少尉が戦死したのは、昭和十九年十二月四日である。

海軍兵学校を卒業した進は駆逐艦「岸波」に乗り組み、輸送船の護衛に当たっていたが、マニラ湾からシンガポールに向かう途中、米潜水艦の魚雷攻撃に遭い沈没した。

仲間の何人かは海防艦に救助されたが、そこに進の姿はなかった。

父が戦死して五ヵ月後のことであった。進は戦死後、海軍中尉に昇進している。

米沢海軍武官会は『遠い潮騒』のなかで、南雲をこう記述し、功績をたたえた。

「米沢海軍の南雲忠一大将は、国のために精一杯、はたらいた。まぎれもない闘魂の提督であった」

そして、りき夫人について、「夫君につづいて間もなく長男を失われた南雲大将未亡人は、戦後、七十三期のクラス会には毎回必ず出席され、無常の楽しみにされていたという。同期生たちを眺め、静かに進中尉のことをしのばれていたであろう」

とその姿を伝えた。

行間に、郷里米沢の温かさがにじみでていた。

最後にゴードン・W・プランゲの日本海軍に対する批評を紹介し、皆さんの参考に供したい。

私が驚いたのは、日本人は言い訳が多いというプランゲの叱責だった。

プランゲによれば、アメリカ海軍はミッドウェー海戦について十分に研究し、準備をして出撃したわけではなかった。その場に臨んで、状況を判断し、積極果敢な戦法で南雲機動部隊にぶつかっていった。そこが違うと指摘した。

第十六機動部隊の指揮官スプルーアンスは、「一度決断するや、徹底的に攻撃するタイプ」の指揮官だった。

問題は戦闘開始になってからの判断である。

南雲は優柔不断だった。自分の判断ではなく周囲の参謀の意見で、敵の攻撃機は発進していないはずだという思い込みで、長い時間を掛けて兵装転換を行なった。

また本来、戦闘の場面では火傷などの怪我を防ぐために、長袖の戦闘用の衣服を着るべきなのに南雲機動部隊の兵士は半袖、半ズボンが多かった。

戦闘に対する緊張感に欠けていた。いうなれば慢心だった。プランゲはそういった。

プランゲが指摘したのは、用意周到な計画ではなく、その場に臨んでの対応、大胆さ、戦闘に対する勘であった。

スプルーアンスの方がそれに長けていた。

では一体、ミッドウェー敗戦の責任は誰にあるのか。

一番の責任は山本だとプランゲはいった。

皆の反対を押し切り、作戦を決定したのは山本である。しかし、そのこと自体が悪いのではなく、欠点は目的が分散していたことだった。

ミッドウェー島と米機動部隊の攻撃の両面作戦に、アリューシャンの攻撃まで含まれていた。

兵力も思考も分散され、敗北の道をたどった。

山本にも慢心があり、戦闘指導に関して、冴えが見られなかった。

南雲はそれの犠牲者ともいえた。

では南雲はどうなのか。

最大の失敗はやはり現場の最高指揮官としての判断、行動だった。

スプルーアンスは強固でふらつかない性格だったが、南雲には迷いがあった。

それは瀬戸内海から出撃したときから見られた。あらゆる計画を検討し、部下を徹底的に訓練する意欲がなかった。

南雲にとっての不幸は米機動部隊にツキがあったということだった。

アメリカの爆撃機は戦闘機の護衛なしに飛んできて、引き返さなければ燃料切れになる寸前に、偶然にも南雲機動部隊の空母三隻を見つけ、攻撃を加えた。

三隻の空母が接近していたことも南雲には不運だった。

「このわずか六分の間をのぞけば、彼が行なった決断はその正当性を認められ、小心も慎重と思慮され、不決断も慎重によるものとされ、厳格も経験から来たものとされたであろう」

プランゲは南雲に同情した。一瞬の違い、ツキの問題と南雲を慰めた。

詳しくは『ミッドウェーの奇跡』（千早正隆訳、原書房）を読んでいただきたい。

訳者の千早も海軍士官で、海軍兵学校、海軍大学校を経て終戦時は連合艦隊参謀、海軍中佐だった。

「かつて日本海軍にいたものとして、史上稀な敗北となったミッドウェー海戦の恥をあばかれるのは、耐えられないことであるが、どうして全海軍上げて緒戦の勝利に酔い、過信に陥り敵を軽侮するようになったか、さらに究明しなければならない。同時に、アメリカが危難に際して、全海軍が一体となって、不可能を可能にして奇跡を成し遂げたことを見なければならない」

大要このようなことを語った。

これは我々の日常生活にも通じる問題だった。

我々もミッドウェーの悲劇を肝に銘じ、日々、精進することが大事といえよう。だが精進だけでは、またも失敗を繰り返す。時には大胆な決断も必要である。

歴史から学ぶことは多い。

おわりに

真珠湾攻撃は失敗だったという見方が最近出ている。問題提起をしたのは昭和史研究家の保坂正康さんである。「文藝春秋」の二〇一七年一月号に「真珠湾失敗の本質」を掲載、話題を集めた。私もそうだが多くの日本人は真珠湾攻撃を未曾有の大勝利ととらえ、連合艦隊司令長官山本五十六を礼賛してきた。疑問視する声は、以前からあったが、それは、石油タンクを攻撃しなかった、海軍工廠もそのままだったという戦術的なことで、第二次攻撃を躊躇した機動部隊の南雲忠一長官に対する若干の不満だった。

本来、米艦隊の空母部隊を狙った大作戦だったが、惜しむらくは空母は不在で、役に立たない戦艦を処分したという不運はあったが、この攻撃で日本人は狂喜乱舞した。アメリカ人も燃えた。「リメンバー・パールハーバー」が、アメリカ人の合言葉になった。

もし真珠湾の空母部隊がいれば、その後の戦況は変わっていたに違いない。和平交渉がありえたかもしれないし、南雲提督に対する非難も存在しなかったはずだった。取材して分かったことだが、南雲長官は極めてまじめで、有能な海軍軍人だった。だが戦争は一国の運命をになうものであり、戦場では敗北は許されないものだった。空母がいなかったのだから石油タンク、海軍工廠の爆撃は、当然行なうべきことだった。

その負い目を引きずって臨んだのが、ミッドウェー海戦だった。これは絶対に負けられないいわば関ヶ原の戦いだった。だが索敵に失敗した。そこで敵は来ないと判断、攻撃機は魚雷を外し爆弾に積み替え、ミッドウェー島の爆撃に踏み切った。ところが敵機動部隊が、目の前に迫って来ていた。これを知った時点で、爆撃機を飛ばすべきなのに、爆弾を魚雷に積み替えることを指示、その間に敵機が襲来し、四隻の空母を沈められた。これで日米の戦力バランスは大きく崩れ、以後、勝てなかった。

そういう意味で、南雲長官の判断と行動は、危機管理という意味で今日の日本にも大きな教訓を残した。南雲長官は、日本の命運を決める戦争に指揮官として適正だったのか、任命権者の山本長官にも責任があったのではないか、様々な思いが去来する。

南雲の死から一年後、日本は無条件降伏し、日本海軍は消滅した。

山本五十六は「半年や一年は暴れてみせます」といって戦に踏み切った。山本の予言通り半年は米軍を凌駕《りょうが》したが、一年はもたなかった。

あの戦争は惨敗という結果から見る限り、大失敗だった。

残念ながらアメリカと戦争して、勝てるセオリーはどこにもなかった。

ミッドウェーで勝ったらどうだったろうか。一時期、アメリカはシュンとなったろうが、すぐに盛り返し、反撃を加えてきたに違いない。工業生産力がまったく違っていた。戦争の仕方も日本とは違い、潜水艦で日本の輸送路を絶ち、飛行機も軍艦も作れなくしてしまった。残念ではあるが、完敗というしかなかった。

日本の政治、軍事、すべての面で兜を脱がざるを得なかった。

ミッドウェーの時、南雲とは別の人間が司令長官だったとしても、最後の運命は同じであったろう。

米軍はサイパン攻略後、南雲の遺骸を探したが見つからなかった。

ここから南雲は自決ではなく、突撃して戦死したという説もあった。

南雲夫人は「従容自決は陸軍が最期を美化するために用いたもので、真実ではない」と周囲にもらしたと『遠い潮騒』にある。戦って死んだのだという。

南雲は惨敗の責任を背負わされた悲劇の提督だった。

しかしよく考えてみれば、南雲のような人物は、この世の中に数多く存在するのではないかと思われた。

軍人とはいえ、南雲も組織の人間だった。上司がいて部下がいて家族がいる。

現代のサラリーマンにたとえれば、南雲は大手企業の専務取締役とか、あるいは系列企業の社長クラスに該当した。言葉がしゃべれないのに、ニューヨーク支店長に転出したというケースかもしれない。

適材適所とは思えない人事で、南雲は飛行機を扱う機動部隊の司令長官に任命された。飛行機も空母も知らないわけだから、参謀長や航空参謀の意見を聞くしかない。しかし、部下がいつでも正しい報告をあげてくるとは限らない。

ミッドウェー海戦の場合、草鹿も源田も間違った判断を具申した。あの状況で唯一、正しい判断をしたのは山口多聞少将だった。「敵空母発見」を聞いた山口少将は、即刻、出撃を要請した。

機動部隊司令部の参謀たちは、これを無視した。南雲はそれに従った。

結果としてそれは重大なミスだった。山口の意見を入れて即座に攻撃機をだせば、相討ちに終わったに違いなかった。山口が空母とともに海に沈み、南雲が生き残ったことで、なおさら無能な提督のレッテルを貼られた。

しかし、こういう不運な人は結構多いのではなかろうか。

機動部隊の司令長官は、もちろん普通のサラリーマンとは異なる。

国家の命運を担い、何千人という人命を預かり、計り知れない責任を負っている。

それだけに厳しいものがあり、批難されるのもやむを得ないことだった。

ミッドウェー海戦の場合、責任の所在は、連合艦隊司令部と南雲機動部隊司令部の二つにあった。

そこの責任の分担が微妙だった。

私は南雲忠一という提督を書いて、南雲にひどく同情した。無能と切り捨てることはできなかった。

じゃあ、どう判断すべきか。南雲の伝記『波まくらいくたびぞ　悲劇の提督・南雲忠一中将』（講談社）を書いた豊田穣は、

「順調にいけば、軍令部次長、連合艦隊司令長官、軍令部総長と本流を歩むべき人物がふなれの航空艦隊司令長官になり、最後は島の上で戦死するポストにすえた力はいったい何か。単なる偶然なのか、それとも、意識して働いた力がその裏にあったのか」

と鋭い指摘をした。

そう考えれば、そのとおりなのだが、サイパン防衛の責任者という最後のポストは、意図的な見せしめのようなものであったろう。しかし、南雲はごくわずかの期間ではあったが、サイパンのテニスコートで心から笑い、楽しむことができた。庶民の喜びを知り、多くの将兵とともに戦うことができたのは、なまじっか東京の軍令部にいるよりは、人間としての最期にふさわしかったと思う。

もうひとつ付記すると、ミッドウェーで惨敗した時、南雲が自決をはかろうとしたという記述が前記、豊田穣の作品にある。

空母「飛龍」も沈んだ段階で南雲は短剣を抜いた。そこには真刀が仕込んであるという話が伝わっていた。それを見つけた草鹿が飛びついて短剣を奪った。

「草鹿君、逝《い》かしてくれ、武士の情だ」

南雲はそういったと書かれてある。

草鹿の回想録には、ない話である。真偽のほどは分からないが、そのような思いにかられ

たことも事実であったろう。

南雲の生涯は沈痛だった。私は書き終えて、深い闇のなかに突き落とされた思いがした。南雲の墓は米沢にはないが、一度米沢を訪ね、上杉神社の辺りを歩きながら太平洋戦争と日本人を考えたいと思った。

なお、本書は、平成二十年にPHP文庫から刊行したものを改題、一部書き直して、今回、光人社NF文庫から出版したものである。刊行に際し、潮書房光人社の坂梨誠司部長から細部にわたるご指導をいただいた。深く感謝いたします。

平成二十九年一月

星　亮一

主な参考文献

『戦史叢書ハワイ作戦』防衛庁防衛研修所戦史室編（朝雲新聞社）
『戦史叢書ミッドウェー海戦』防衛庁防衛研修所戦史室編（朝雲新聞社）
『戦史叢書南太平洋陸軍作戦⑵ガダルカナル・ブナ作戦』防衛庁防衛研修所戦史室編（朝雲新聞社）
『戦史叢書中部太平洋陸軍作戦⑵ペリリュー・アンガウル・硫黄島』防衛庁防衛研修所戦史室編（朝雲新聞社）
『戦史叢書マリアナ沖海戦』防衛庁防衛研修所戦史室編（朝雲新聞社）
『戦藻録　大東亜戦争秘記』宇垣纏著（原書房）
『大東亜戦史1　太平洋編』（富士書苑）
『ニミッツの太平洋海戦史』C・W・ニミッツ、E・B・ポッター著、実松譲・冨永謙吾訳（恒文社）
『空母エンタープライズ』エドワード・P・スタッフォード著、井原裕司訳（元就出版社）

『太平洋の提督　山本五十六の生涯』ジョン・D・ポッター著、児島襄訳（恒文社）
『大日本帝国の興亡』ジョン・トーランド著、毎日新聞社訳（ハヤカワ文庫）
『波まくらいくたびぞ　悲劇の提督・南雲忠一中将』豊田穣著（講談社）
『悲劇の南雲中将　真珠湾からサイパンまで』松島慶三著（徳間書店）

『南雲忠一』二〇〇八年五月　PHP文庫刊　改題

NF文庫

提督の責任 南雲忠一

二〇一七年二月十三日 印刷
二〇一七年二月十九日 発行
著 者 星 亮一
発行者 高城直一
発行所 株式会社潮書房光人社
〒102-0073 東京都千代田区九段北一-九-十一
振替／〇〇一七〇-六-五四六九三
電話／〇三-三二六五-一八六四(代)
印刷所 株式会社堀内印刷所
製本所 東 京 美 術 紙 工

ISBN978-4-7698-2993-5 C0195
http://www.kojinsha.co.jp

刊行のことば

第二次世界大戦の戦火が熄《や》んで五〇年——その間、小社は夥しい数の戦争の記録を渉猟し、発掘し、常に公正なる立場を貫いて書誌とし、大方の絶讃を博して今日に及ぶが、その源は、散華された世代への熱き思い入れであり、同時に、その記録を誌して平和の礎とし、後世に伝えんとするにある。

小社の出版物は、戦記、伝記、文学、エッセイ、写真集、その他、すでに一、〇〇〇点を越え、加えて戦後五〇年になんなんとするを契機として、「光人社NF（ノンフィクション）文庫」を創刊して、読者諸賢の熱烈要望におこたえする次第である。人生のバイブルとして、心弱きときの活性の糧《かて》として、散華の世代からの感動の肉声に、あなたもぜひ、耳を傾けて下さい。

NF文庫